ベストセレクション かわいい壁面 12か月

pot ポットブックス

チャイルド本社

CONTENTS

本書の型紙は、園や学校、図書館等にて壁面飾りを作る方が、個人または園用に製作してお使いいただくことを目的としています。本書を使用して製作されたものを第三者に販売することはできません。また、型紙以外のページをコピーして販売することは、著作権者および出版社の権利の侵害となりますので、固くお断りいたします。

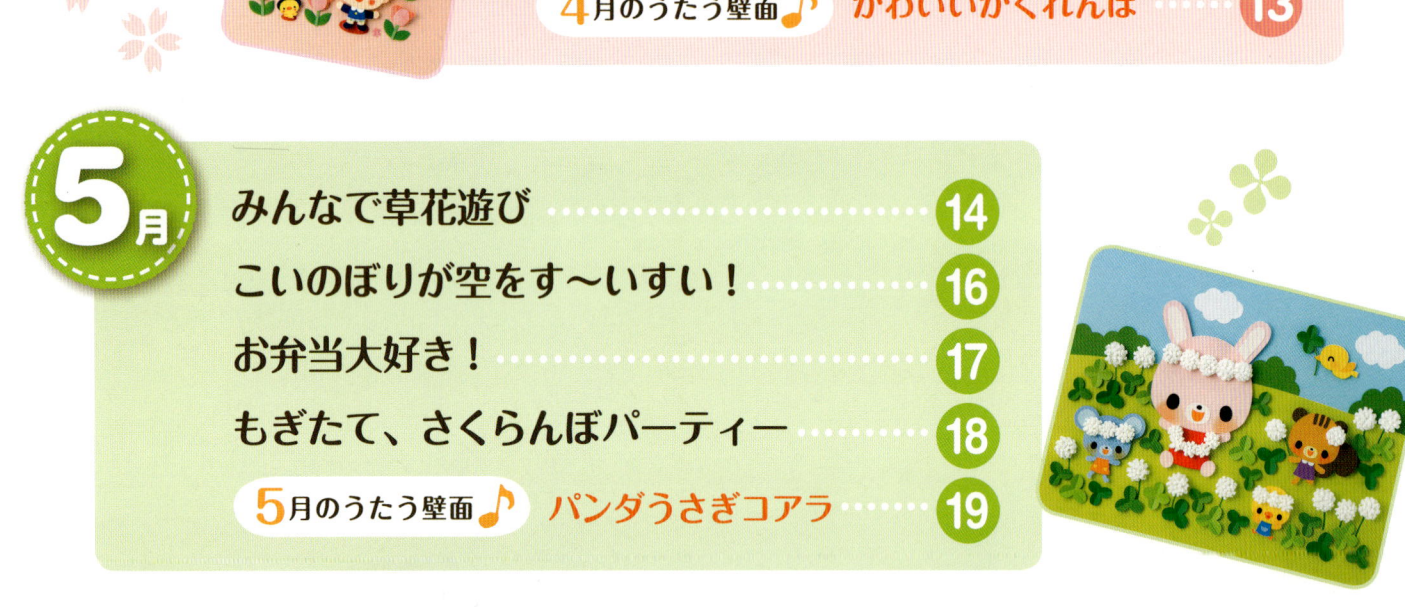

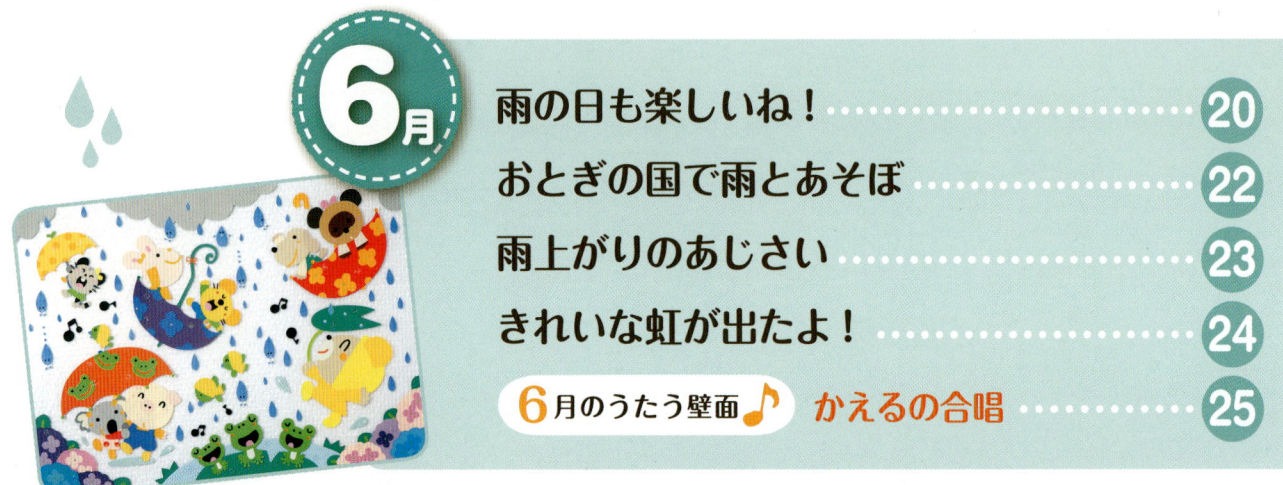

4月

- 虹の谷へようこそ！ …… 6
- あおむしさんがおめでとう！ …… 8
- 動物バスに乗ってゴー！ …… 10
- チューリップが咲いたよ …… 11
- いちごさんのダンス …… 12
- 4月のうたう壁面♪ かわいいかくれんぼ …… 13

5月

- みんなで草花遊び …… 14
- こいのぼりが空をす〜いすい！ …… 16
- お弁当大好き！ …… 17
- もぎたて、さくらんぼパーティー …… 18
- 5月のうたう壁面♪ パンダうさぎコアラ …… 19

6月

- 雨の日も楽しいね！ …… 20
- おとぎの国で雨とあそぼ …… 22
- 雨上がりのあじさい …… 23
- きれいな虹が出たよ！ …… 24
- 6月のうたう壁面♪ かえるの合唱 …… 25

7月

夏だ！海へ行こう ……………………… 26

織姫と彦星の仲よしデート！ ………… 28

砂浜で遊ぼ！ …………………………… 29

あさがおが、大きくなりました ……… 30

7月のうたう壁面♪ アイアイ ………… 31

8月

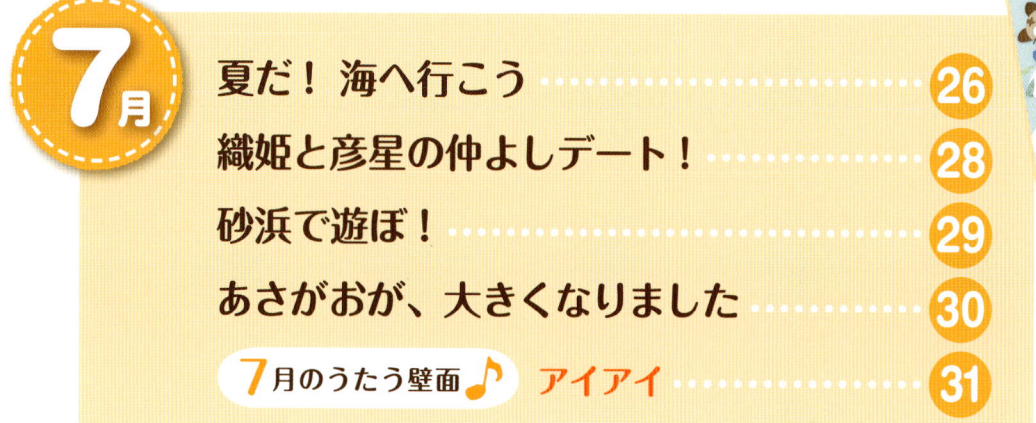

夏祭りで盛り上がろう！ ……………… 32

大好き！プール遊び …………………… 34

ひまわり畑は楽しいな！ ……………… 35

打ち上げ花火、きれいだね！ ………… 36

8月のうたう壁面♪ 海 ………………… 37

9月

コスモス畑でぶらんこ！ ……………… 38

うさぎのもちつき、ペッタン！ ……… 40

おいしいね、ぶどうパーティー ……… 41

秋の夜の音楽会 ………………………… 42

9月のうたう壁面♪ やぎさんゆうびん … 43

CONTENTS

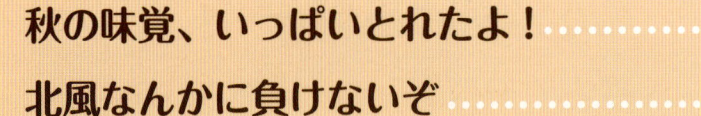

10月
- 森のティーパーティーへようこそ ... 44
- わくわくハロウィーン ... 46
- 秋の味覚、いっぱいとれたよ！ ... 47
- 北風なんかに負けないぞ ... 48
- 10月のうたう壁面♪ いもほりのうた ... 49

11月
- 動物たちの冬ぞなえ ... 50
- あったかお布団でぐっすり！ ... 52
- 編み物で、冬支度 ... 53
- いちょうのダンス ... 54
- 11月のうたう壁面♪ どんぐりころころ ... 55

12月
- もうすぐクリスマス！ ... 56 
- はりきりサンタさん ... 58
- 天使のキャンドルツリー ... 59
- 大きなケーキを作ろう ... 60
- 12月のうたう壁面♪ おもちゃのチャチャチャ ... 61

1月

わいわいたこあげ　　　62

おもちが焼けたかな？　　　64

みんな晴れ着でおめでとう　　　65

にっこり初日の出　　　66

1月のうたう壁面♪　ふしぎなポケット　　　67

2月

雪遊びは楽しいね！　　　68

おにさん、怖くないね！　　　70

うがいでかぜ菌、バイバーイ　　　71

うめが咲いたよ！　　　72

2月のうたう壁面♪　豆まき　　　73

3月

てんとうむしバスで出発！　　　74

春風のなかをバルーンに乗って　　　76

きょうは楽しいひな祭り　　　77

春の小川をのぞいてみよう　　　78

うきうき、桃色ひな祭り　　　79

3月のうたう壁面♪　バスごっこ　　　80

コピー用型紙集　　　81

4月 April

虹の谷へ ようこそ！

虹の谷に春がやって来ました。新年度のスタートにふさわしい、華やかな壁面です。

案・製作／＊すまいるママ＊

POINT

モールを活用！

ちょうちょうの触角や花の茎にはモールを使います。モールを曲げたり、クルクルとカールさせたりと、素材の特性を生かしています。

材料

色画用紙、画用紙、モール、発泡スチロール板（台紙用）

型紙は P81

にゅうえん おめでと

4月
5月
6月
7月
8月
9月
10月
11月
12月
1月
2月
3月

8

あおむしさんがおめでとう！

あおむしさんといっしょに、お祝いのパレード！ 春らしい元気な壁面で、子どもたちを迎えましょう。

案／宮尾怜衣　製作／浦田利江

POINT

あおむしはカラーポリ袋で！

あおむしは、丸い厚紙の上に綿を載せてから、カラーポリ袋で包んで作ります。カラーポリ袋を二重にすると、中の綿が透けずにきれいにできます。

ちょうネクタイとモールの足！

あおむしのちょうネクタイは布で作ります。足は、モールの先に色画用紙を貼ります。

材料

色画用紙、画用紙、カラー工作用紙、カラーポリ袋、綿、片段ボール、キラキラした折り紙、布（ちょうネクタイ）、モール、厚紙・段ボール（台紙用）

型紙は **P82**

動物バスに乗ってゴー！

ぽかぽか陽気のお出かけ日和。
バスに乗って出かけましょう。

案／矢島秀之　製作／浦田利江

材料
色画用紙、画用紙、折り紙、丸シール、カラー工作用紙、モール、柄入り折り紙（うさぎの洋服）、発泡スチロール板（台紙用）

型紙は P83

POINT
折り紙で花を作る
輪にした折り紙を3本重ねて留めて花を作ります。カラフルでボリューム感もあり、簡単に作れます。

作り方
- 輪にした折り紙
- 交差するように重ねる
- 丸シール　貼る
- ホッチキスで留める
- 色画用紙　貼る
- モール
- モールを巻き付ける

しんきゅうおめでとう

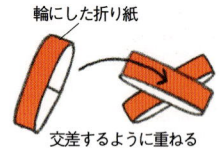

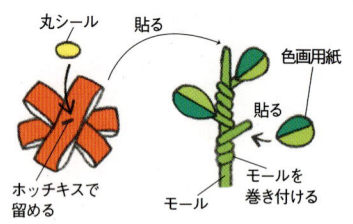

POINT
フェルトでふんわりと
フェルトの花びらを発泡スチロールの土台に貼り、ふっくらとしたチューリップを作ります。

作り方
- 発泡スチロール
- 貼る
- フェルト
- 貼る
- フェルト
- クレープ紙
- 貼る
- 色画用紙

チューリップが咲いたよ

ふんわり、きれいなチューリップが咲きました。春らしい、花壇を彩る花の代表です！

案・製作／藤江真紀子

材料 色画用紙、画用紙、フェルト、クレープ紙（チューリップの葉）、柄入り折り紙（子どもの洋服）、発泡スチロール、発泡スチロール板（台紙用）

型紙は **P84**

にゅうえん おめでとう

いちごさんのダンス

いちごさんたちが、春の野原で元気にかわいらしく踊る壁面で、新入園児さんのお部屋を飾りましょう。

案・製作／藤江真紀子

POINT
ピンキングばさみで見栄えよく

葉っぱは、色画用紙を二つ折りにし、型紙に沿ってピンキングばさみでカットして作ります。

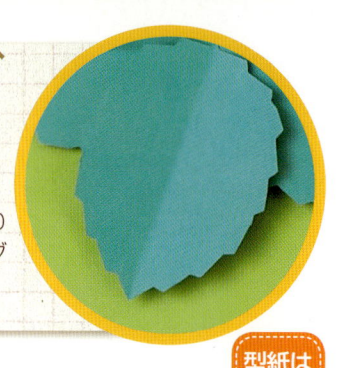

型紙は **P84**

材料　色画用紙、画用紙

4月のうたう壁面♪

かわいいかくれんぼ
(作詞／サトウハチロー　作曲／中田喜直)

お庭で遊ぶひよこたちをうたった、
かわいい歌の世界をイメージ。
隠れているひよこを探して遊べます。

案・製作／冬野いちこ

材料　型紙はP85

色画用紙、画用紙、フェルト、
ヴィベール紙（葉っぱ）、
面ファスナー、
発泡スチロール板（台紙用）

→面ファスナー

葉っぱをめくると…

POINT 1
面ファスナーで開閉可能に！

葉っぱをめくると、ひよこが見えます。なん度も開閉して遊べるように、葉っぱと芝生に面ファスナーを貼り付けました。

POINT 2
春らしい色に染めて作る！

チューリップの花とちょうちょう、芝生に咲く花は、画用紙を湿らせてから絵の具をつけた染め紙です。ちょうちょうの触角と芝生の花の中心は、染め紙をした紙をくるくる丸めて貼っています。

5月
May

みんなで草花遊び

みんなで四つ葉のクローバーを探したり、花で冠や首飾りを作ったり…。
春の自然に触れて遊びましょう！

案・製作／さとうゆか

POINT

もこもこ、ふんわり！

花は、ティッシュペーパーを使うと、ふんわりとボリューム感のある仕上がりになります。

作り方

- ティッシュペーパーを2枚重ねて四つ折り
- ※定規を当てて均等に切ると、きれいに仕上がります。
- 輪になっている方に切り込みを入れる
- 一度開いてからもう一度、畳む
- ていねいにまっすぐ巻く
- セロハンテープで留める
- 形を整える
- 短く切る

材料

色画用紙、画用紙、ティッシュペーパー、発泡スチロール板（台紙用）

型紙はP85

こいのぼりが空をす〜いすい！

こいのぼりが気持ちよさそうに空を泳ぐ壁面は、5月の保育室にぴったりです。

案・製作／あかまあきこ

POINT
毛糸をぐるぐる巻いて！

トイレットペーパーの芯をつぶし、尾の部分を三角形に切り取ります。好きな色の毛糸を選んで胴体部分に巻き付け、クレヨンで顔と尾を描けばできあがりです。カラフルなこいのぼりは、子どもたちと作りましょう。

材料 色画用紙、画用紙、トイレットペーパーの芯、毛糸

型紙は P86

もぐぐみ

こうすけ / さとや / みさと / けんと / なな / しゅう / さつき / はるき / みき / ひとえ / はな / たつや

お弁当大好き！

お弁当箱の中から飛び出したのは、おにぎり、プチトマト、たこさんウィンナーに卵焼き！ みんなの好きな物はどれかな？

案・製作／たかはしなな

材料 色画用紙、画用紙、カラーポリ袋、綿、厚紙、モール、クラフト紙、お花紙、エアーパッキング、包装紙、発泡スチロール板（台紙用）

型紙は P86～P87

POINT

表情と体の動きで楽しさアップ！

カラーポリ袋やお花紙、クラフト紙などを使って、本物らしく見える質感を目指します。かわいい目鼻＆手足の動きで、アクセントを付けます。

いろいろな素材で質感を表現します。

作り方

〈プチトマト〉
5山に折る　モール　1回巻き付ける　谷の間を通すように巻いて固定する　余った部分を折り込んで裏側に貼る　カラーポリ袋で綿を載せた厚紙を包み、色画用紙のパーツを貼る

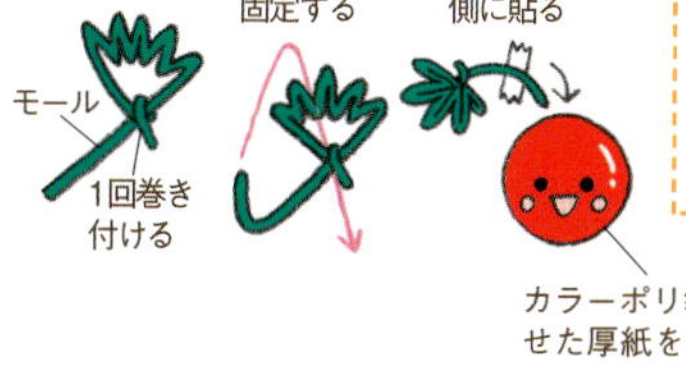

〈えびフライ〉
しわを付けたクラフト紙　色画用紙　包む　厚紙　綿　貼る　色画用紙

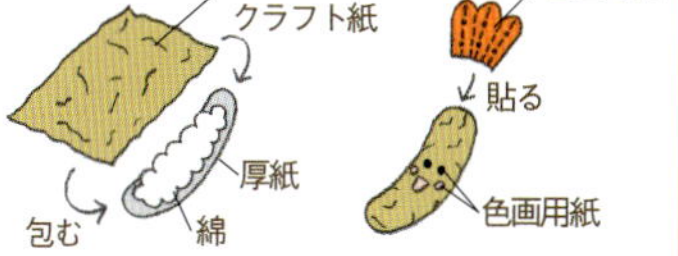

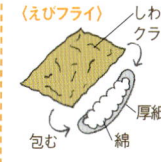

〈ブロッコリー〉
丸めたお花紙　貼る　色画用紙

5月

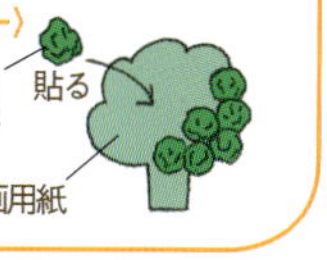

もぎたて、さくらんぼパーティー

かごの中には、つやつや・ぷっくりのさくらんぼ！ 旬の果物っておいしいね。

案・製作／さとうゆか

POINT

さくらんぼは、つやつやでふっくら！

さくらんぼは、厚紙の上に綿を載せ、カラーポリ袋でふっくらと包みます。かごは、片段ボールの形状を生かし、カーブを付けて貼り、ポケット状にします。

作り方

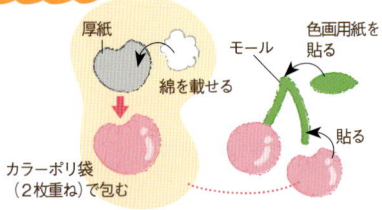

厚紙 / 綿を載せる / モール / 色画用紙を貼る / カラーポリ袋（2枚重ね）で包む / 貼る

型紙はP87

材料　色画用紙、画用紙、片段ボール、カラーポリ袋、厚紙、綿、モール、発泡スチロール板（台紙用）

5月のうたう壁面♪

パンダうさぎコアラ
（作詞／高田ひろお　作曲／乾 裕樹）

覚えやすくて、手遊びも楽しめる歌です。歌詞に合わせて、パンダ・うさぎ・コアラを動かして楽しめます。

案／菊地清美　製作／浦田利江

材料
色画用紙、画用紙、厚紙、片段ボール、キラキラした紙、カラー工作用紙、発泡スチロール板（台紙用）

型紙はP88

POINT 1
草むらにかくれんぼ！

草むらは、手前の紙を浮かせて貼ることでポケット状に作り、パンダ・うさぎ・コアラを入れます。出したり隠したり、動かして遊べます。

POINT 2
見せ方は2パターン！

草むらから出した動物は、胸の切り込みを草むらのポケットに引っ掛けると上半身が見え、頭の裏のベロで引っ掛けると全身が見えます。

全身を出すことも！

6月
June

雨の日も楽しいね！

雨降りでも、お気に入りの傘を持てば、
みんなご機嫌！
雨の日のお散歩も、楽しみになりそうです。

案／宮尾怜衣　製作／みつき

POINT

エアーパッキングで雨粒を！

壁面のベースにエアーパッキングを貼り、雨粒をリアルに再現しています。あじさいや傘に付いた水滴も、丸く切り取ったエアーパッキングを使えば、かわいらしいワンポイントになります。

材料　色画用紙、エアーパッキング、画用紙、片段ボール

型紙はP89

おとぎの国で雨とあそぼ

おとぎの国では、虹の滑り台やぶらんこに乗った妖精たちが雨を降らせています。雨粒がふんわり揺れるかわいい壁面です。

案・製作／＊すまいるママ＊

POINT
雨粒ちゃんがふわり！

雨粒の裏に、細長く切った色画用紙の帯を貼ると、ふわりと揺れる感じが出ます。

雨上がりのあじさい

色鮮やかに咲くあじさいに、かえるさんもかたつむりさんもにっこり！
雨上がりには、あじさいを探しに出かけてみましょう。

案・製作／藤江真紀子

材料
色画用紙、画用紙、ボウル形の紙皿、お花紙、エアーパッキング、折り紙、リボン、ラップフィルム、キラキラした紙

型紙は **P91**

材料
色画用紙、画用紙、糸、発泡スチロール板（台紙用）

型紙は **P90**

POINT
2種類のあじさいを製作

前列のあじさいは、ボウル形の紙皿をお花紙とエアーパッキングで包み、花を貼って、半立体に仕上げます。壁に貼った後列のあじさいは、色画用紙にリボンを貼った平面的な作りにして、遠近感を出しています。

作り方

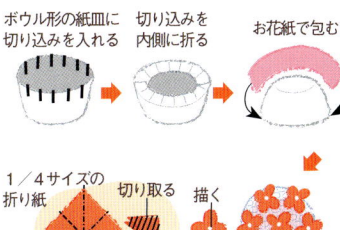

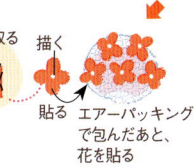

ボウル形の紙皿に切り込みを入れる → 切り込みを内側に折る → お花紙で包む

1/4サイズの折り紙 → 三角に3回折る → 切り取る → 開く → 描く → 貼る エアーパッキングで包んだあと、花を貼る

きれいな虹が出たよ！

雨が上がり、太陽が顔をのぞかせたら、
すてきな虹の滑り台が登場！
雨上がりには、キラキラ・ピカピカ、
きれいな物がいっぱいです。

案・製作／まーぶる

POINT
雨粒もキラキラに！
キラキラした折り紙を使って、太陽の陽や、光が当たった雨粒を表現しています。

材料
色画用紙、画用紙、キラキラした折り紙、片段ボール

型紙はP91

6月のうたう壁面 ♪

かえるの合唱
（訳詞／岡本敏明　ドイツ民謡）

梅雨の時期にぴったりな歌です。
かえるの鳴き声を思い出しながらうたったり、
口をパクパク開けて遊んだりできます。

案／西内としお　製作／浦田利江

材料　型紙はP92〜P93

色画用紙、画用紙、
片段ボール、厚紙、
クレープ紙、キラキラした紙、
発泡スチロール板（台紙用）

POINT　口がパクパク、動きます！

かえるの口につまみを作り、顎の下と頭の上に差し込めるようにします。口をパクパク、開閉できます。

作り方

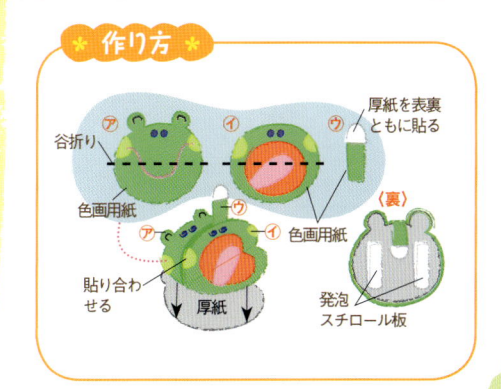

- 谷折り
- 色画用紙
- 厚紙を表裏ともに貼る
- 貼り合わせる
- 厚紙
- 色画用紙
- 〈裏〉
- 発泡スチロール板

7月 July

夏だ！海へ行こう

大好きな海で、みんな大はしゃぎ。夏を迎えたワクワク・ドキドキ感が、詰まっています。

案／宮尾怜衣　　製作／浦田利江

POINT
浮き輪に立体感をプラス

くじらのひれには、カラーポリ袋で作った浮き輪を付けます。夏らしいカラフルな模様が目を引きます。

作り方

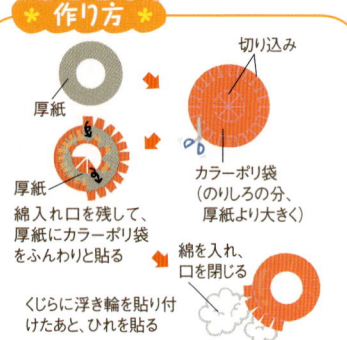

- 厚紙
- 切り込み
- 厚紙
- 綿入れ口を残して、厚紙にカラーポリ袋をふんわりと貼る
- カラーポリ袋（のりしろの分、厚紙より大きく）
- 綿を入れ、口を閉じる
- くじらに浮き輪を貼り付けたあと、ひれを貼る

材料

色画用紙、画用紙、片段ボール、キラキラした紙、厚紙、カラーポリ袋、綿、発泡スチロール板（台紙用）

型紙はP93〜P94

7月

織姫と彦星の仲よしデート！

七夕は、織姫と彦星が一年に一度、出会える日。「晴れるといいね！」子どもたちの声も弾んできます。

案・製作／さとうゆか

材料 色画用紙、画用紙、アルミホイル、カラーポリ袋、キラキラした折り紙、厚紙、発泡スチロール板（台紙用）

POINT
アルミホイルで天の川を！

天の川は、しわしわにしたアルミホイルの上から、水色のカラーポリ袋をかぶせて作ります。独特のキラキラ感が、天の川らしさを表現しています。

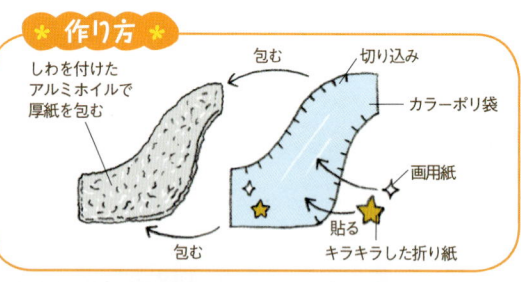

作り方

- しわを付けたアルミホイルで厚紙を包む
- 包む
- 切り込み
- カラーポリ袋
- 画用紙
- 貼る
- キラキラした折り紙
- 包む

型紙は **P95**

POINT

すいかの丸みには綿を使用

厚紙の上に綿を載せ、クレープ紙で包んですいかを作ります。黒い模様を付けると、より本物らしく見えます。

作り方

クレープ紙
包む　包む
綿　厚紙

裏側から貼る
貼る
色画用紙

型紙はP95〜P96

砂浜で遊ぼ！

すいか割りに砂山作り、ヨット遊び…。夏の浜辺には、楽しいことがいっぱいです。

案／矢島秀之　　製作／浦田利江

材料　色画用紙、画用紙、カラー工作用紙、クレープ紙、綿、キラキラした折り紙、カラーポリ袋、モール、厚紙、発泡スチロール板（台紙用）

4月 5月 6月 7月 8月 9月 10月 11月 12月 1月 2月 3月

あさがおが、大きくなりました

色とりどりのあさがおが、きれいに咲きました。
毎日、水やりをしてきた子どもたちとねずみさんも、うれしそう！

案・製作／藤江真紀子

材料 色画用紙、クレープ紙、レースクレープ紙、お花紙、不織布、障子紙、片段ボール、紙ひも、キルト芯、モール、発泡スチロール板（台紙用）

POINT
素材選びを楽しむ！

クレープ紙やレースクレープ紙、お花紙、不織布など、さまざまな素材を使って、繊細で柔らかなあさがおを作りました。

作り方

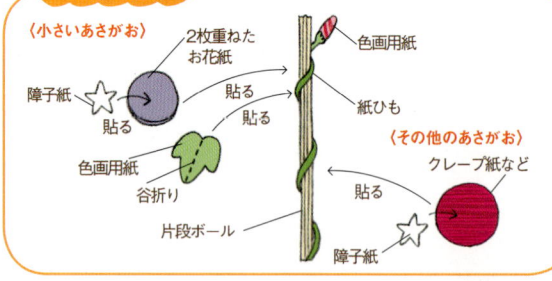

〈小さいあさがお〉
障子紙　2枚重ねたお花紙　色画用紙
貼る　貼る　紙ひも
色画用紙　貼る
谷折り　〈その他のあさがお〉
片段ボール　クレープ紙など
貼る
障子紙

型紙はP96〜P97

7月の うたう壁面 ♪

アイアイ
（作詞／相田裕美　作曲／宇野誠一郎）

木の枝やロープにぶら下がっているのは、南の島のおさるさんたち。ぶら下げて、引っ掛けて、動かして楽しめます。

案／宮尾怜衣　製作／浦田利江

材料

型紙は**P97**

色画用紙、画用紙、クレープ紙、カラー工作用紙、片段ボール、紙ひも、発泡スチロール板（台紙用）

POINT
つなげ方はいろいろ！

さるは、両腕としっぽを使って、ぶら下げることができます。木の枝やひもに引っ掛けたり、さる同士をつなげたりと、いろいろなつなげ方が楽しめます。

しっぽと腕で！　　後ろ向きにも！ 　　しっぽとしっぽでも！

8月 August

夏祭りで盛り上がろう！

太鼓の音が聞こえてきたら、夏祭りのクライマックス、盆踊りです。みんなも楽しく踊れるかな？

案・製作／＊すまいるママ＊

POINT
台紙で浮かせて！

キャラクターの後ろに台紙を入れて貼ると、少し浮いて見えるため、立体感が出て、壁面全体が元気な印象になります。

材料
色画用紙、画用紙、包装紙、キラキラした紙、発泡スチロール板（台紙用）

型紙は P98

8月

大好き！プール遊び

浮き輪でプカプカ、
水鉄砲でパシャパシャ…。
夏は、水遊びが気持ちいい！

案・製作／まーぶる

POINT
水面にはカラーポリ袋を！
水面は、段ボールにカラーポリ袋を巻いて作ります。しわが寄った所も波のように見えて、涼しげな印象になります。

材料
色画用紙、画用紙、カラーポリ袋、段ボール（台紙用）

型紙はP99

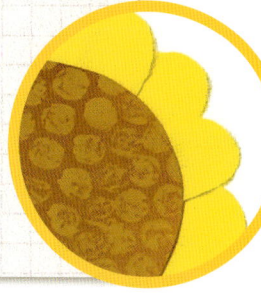

POINT

コロコロスタンプでラクラク！

ひまわりの種の部分は、ラップフィルムの芯などにエアーパッキングを巻いたコロコロスタンプで作ります。茶色い色画用紙に黄色い絵の具をつけてスタンプします。

作り方

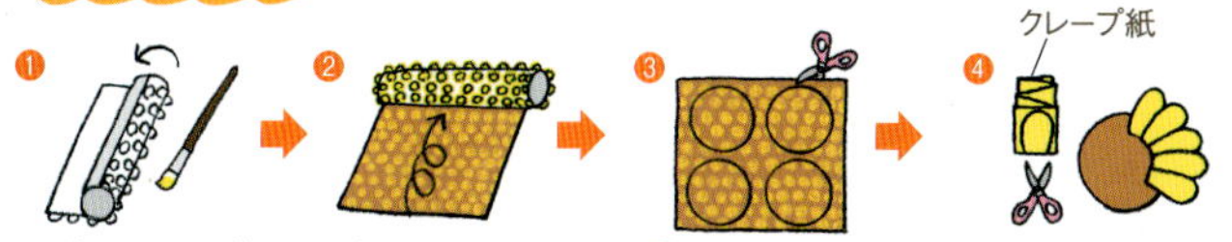

① ラップフィルムの芯などにエアーパッキングを巻いて絵の具をつける
② 色画用紙の上を転がす
③ ②をはさみで丸く切る
④ 花びら形に切ったクレープ紙を裏に貼る

ひまわり畑は楽しいな！

夏の太陽みたいな大輪の花が咲きました。子どもたちよりも背の高いひまわり畑の中で、どんな遊びが始まるでしょう。

案・製作／まーぶる

材料 色画用紙、画用紙、クレープ紙、エアーパッキング、ラップフィルムの芯など

型紙は P100

打ち上げ花火、きれいだね！

ドッカーンと、大きな花火が夜空に上がりました。キラキラ、ピカピカ輝く大きな花火に、みんな夢中です。

案／矢島秀之　製作／浦田利江

材料　色画用紙、画用紙、キラキラした紙、キラキラしたテープ、キラキラしたモール、綿

POINT
キラキラづくし！

キラキラした紙やテープ、モールと、いろいろなキラキラ素材をふんだんに使いました。四角く切って、円形に貼っていくだけで、打ち上げ花火の形が作れます。

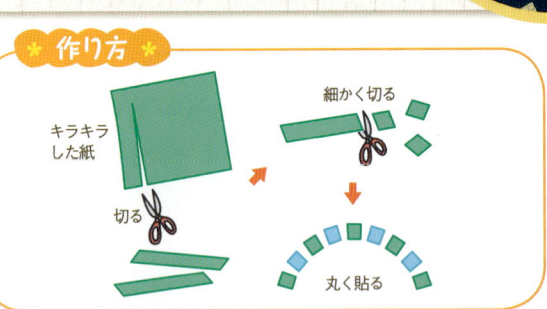

作り方

キラキラした紙 → 切る → 細かく切る → 丸く貼る

型紙は P100

8月の うたう壁面 ♪

海
（作詞／林　柳波　作曲／井上武士）

広い大きな海を描いた壁面です。歌詞に合わせて、太陽や月、くじらやいるか、船などのパーツを動かして楽しめます。

案・製作／冬野いちこ

材料　型紙は **P101**

色画用紙、画用紙、包装紙、発泡スチロール板（台紙用）

〜月が昇ったよ〜

POINT　回転盤とスライド移動を採用

太陽と月、いるかの部分には、回転盤が付いていて、回すと、太陽が沈んで月が昇り、いるかは交互に波間をジャンプします。くじらと船は、切り込み部分をスライドさせて動かせます。

作り方

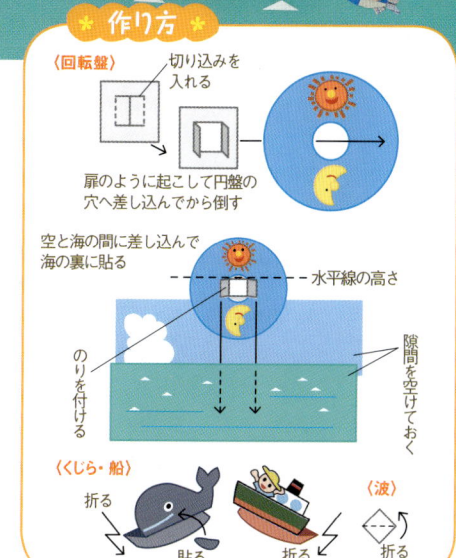

〈回転盤〉
切り込みを入れる
扉のように起こして円盤の穴へ差し込んでから倒す

空と海の間に差し込んで海の裏に貼る
水平線の高さ
のりを付ける
隙間を空けておく

〈くじら・船〉
折る　貼る　折る

〈波〉
折る

9月 September

コスモス畑でぶらんこ！

可憐(かれん)に咲いたコスモスの花の上で、楽しそうにぶらんこ遊び。
赤とんぼもやって来て、秋の始まりを告げているようです。

案／宮尾怜衣　製作／みつき

POINT

コスモスの花は立体的に

コスモスは、細長い色画用紙の両端をピンキングばさみでギザギザにし、鉛筆などでカールさせてから重ねて、立体的に作ります。

作り方

- ピンキングばさみでギザギザに切る
- 鉛筆などでしごいて、軽くカールさせる
- 重ねて貼り、中心をホッチキスで留める
- 丸めたお花紙
- 貼る

材料

色画用紙、画用紙、綿ロープ、お花紙

型紙は P102

9月

うさぎのもちつき、ペッタン！

十五夜に、うさぎさんたちがペッタン、ペッタン、おもちつきです。
壁面を見ながら、お月見の話をして、十五夜を楽しみに待ちたいですね。

案・製作／藤江真紀子

POINT
おもちはふっくら！

おもちは、二重にした白いカラーポリ袋で、厚紙の上に載せた綿を包んで作ります。おもちらしい、ふっくらとしたつやが出ます。

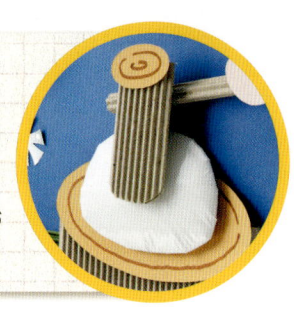

作り方

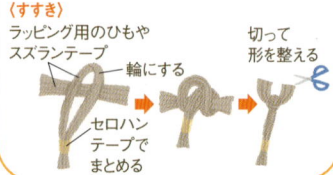

〈もち〉
- カラーポリ袋で包む
- 綿
- 厚紙
- 裏でセロハンテープで留める

〈すすき〉
- ラッピング用のひもやスズランテープ
- 輪にする
- セロハンテープでまとめる
- 切って形を整える

材料

色画用紙、画用紙、片段ボール、不織布、綿、カラーポリ袋、キラキラしたテープ、フェルト（雲）、ラッピング用のひもやスズランテープ、発泡スチロール板・厚紙（台紙用）

型紙はP103

POINT
つやつや、プルン！
つやつやでおいしそうなぶどうは、カラーポリ袋で厚紙に載せた綿を包んで作ります。つるは、モールを鉛筆などに巻き付けて作ります。

作り方
カラーポリ袋／綿／厚紙／包む／モールを鉛筆などに巻き付けてクルクルにする／貼る／三角形に切った台紙に貼る／貼る／色画用紙

型紙は P103

おいしいね、ぶどうパーティー

森の仲間が集まって、ぶどうパーティーが始まります。秋のおいしい味覚に、みんなとってもうれしそう！

案・製作／さとうゆか

材料 色画用紙、画用紙、片段ボール、包装紙、カラーポリ袋、厚紙、綿、モール、発泡スチロール板（台紙用）

秋の夜の音楽会

秋の虫の音に誘われて、みんなも演奏を
始めました。
楽しそうな音色に、お月様もにっこりです。

案／矢島秀之　　製作／浦田利江

材料　色画用紙、画用紙、キラキラした折り紙、
和紙、針金入りビニールひも（虫の足）、
カラートレーシングペーパー（虫の羽）、
でんぐりシート、竹串、ビーズ、モール、
発泡スチロール板（台紙用）

型紙は **P104**

POINT
楽器は立体的に！

アコーディオンの広がる部分にはでん
ぐりシートを使い、太鼓も丸く立体的
に作ると、動きのある壁面になります。

作り方

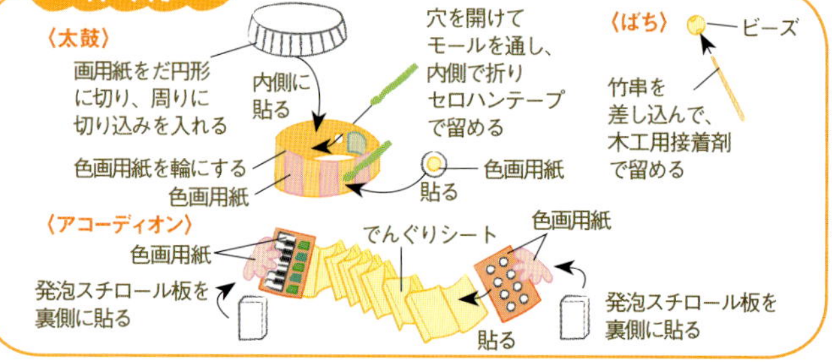

〈太鼓〉
- 画用紙をだ円形に切り、周りに切り込みを入れる
- 内側に貼る
- 色画用紙を輪にする
- 穴を開けてモールを通し、内側で折りセロハンテープで留める
- 色画用紙
- 貼る

〈ばち〉
- ビーズ
- 竹串を差し込んで、木工用接着剤で留める

〈アコーディオン〉
- 色画用紙
- でんぐりシート
- 色画用紙
- 発泡スチロール板を裏側に貼る
- 貼る
- 発泡スチロール板を裏側に貼る

9月の うたう壁面 ♪

やぎさんゆうびん
（作詞／まど・みちお　作曲／團 伊玖磨）

しろやぎさんとくろやぎさんのやりとりが楽しい壁面です。
手紙を動かして楽しめます。

案／菊地清美　　製作／みつき

材料　色画用紙、画用紙、マグネットシート

型紙は **P105**

POINT
手紙のやり取りを楽しむ

手紙と、○印で囲っている部分は、色画用紙にマグネットシートを貼っています。マグネットシート同士はくっつくので、ぺたっと貼れるしくみになっています。

10月
October

森の ティーパーティーへ ようこそ

切り株のテーブルには、おいしそうな物が いっぱい！ カラフルな落ち葉や旬の果物に、 秋の深まりが感じられます。

案・製作／＊すまいるママ＊

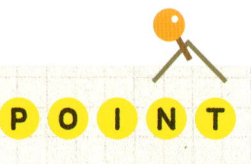

POINT

カップからは湯気が！

カップの中の飲み物から立ち昇る湯気 を、綿で表現しています。ほんわかとし た雰囲気が演出できます。

材料

色画用紙、画用紙、包装紙、綿、 発泡スチロール板（台紙用）

型紙は P106

4月
5月
6月
7月
8月
9月
10月
11月
12月
1月
2月
3月

45

わくわくハロウィーン

魔女やおばけ、こうもりたちが大はしゃぎ！
ハロウィーンらしさを詰め込んだ壁面です。

案・製作／すぎやままさこ

POINT
素材や見せ方をひとくふう！

おばけは厚紙に綿を載せてカラーポリ袋で包み立体感を出します。キャンディーは、ティッシュペーパーを丸めてカラーセロハンで包み、本物に近い形を再現しました。

材料 色画用紙、画用紙、カラーポリ袋、綿、厚紙、カラーセロハン、ティッシュペーパー、モール、キラキラしたモール、リボン、段ボール（台紙用）

型紙は P107

秋の味覚、いっぱいとれたよ！

なしや柿、さつまいも、くりなど、おいしい秋の味覚が大集合！
食欲の秋、実りの秋を感じさせる壁面です。

案・製作／藤江真紀子

POINT
素材づかいで本物に似せて！

なしと柿はカラーポリ袋で、さつまいもはしわを付けた色画用紙で、くりはクレープ紙で作っています。それぞれ素材の質感を生かして、本物に似せて作ります。

材料 色画用紙、カラーポリ袋、綿、クレープ紙、厚紙

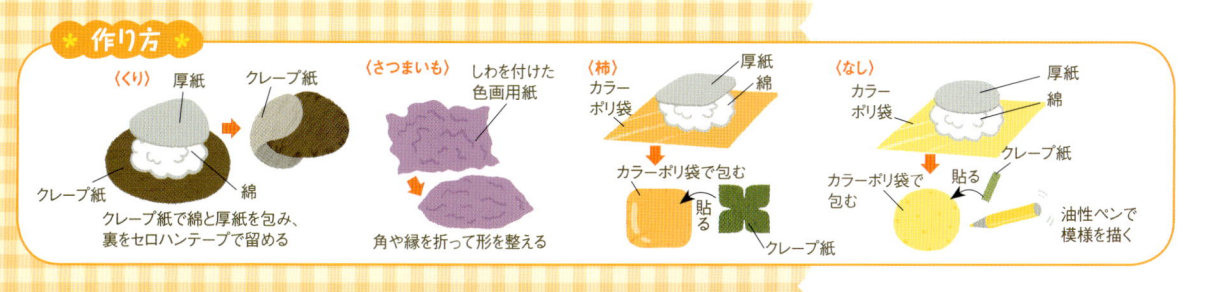

作り方

〈くり〉 厚紙／クレープ紙／綿
クレープ紙で綿と厚紙を包み、裏をセロハンテープで留める

〈さつまいも〉 しわを付けた色画用紙
角や縁を折って形を整える

〈柿〉 厚紙／綿／カラーポリ袋
カラーポリ袋で包む→貼る／クレープ紙

〈なし〉 厚紙／綿／カラーポリ袋／クレープ紙
カラーポリ袋で包む→貼る／油性ペンで模様を描く

型紙は P108

4月 5月 6月 7月 8月 9月 **10月** 11月 12月 1月 2月 3月

北風なんかに負けないぞ

寒い日でも、子どもたちは元気いっぱい。
外で思い切り体を動かせば、北風さんの
冷たい息だってへっちゃらです。

案・製作／さとうゆか

POINT
麻ひもで列車ごっこ

子どもたちがしている列車ごっこのひもには、麻ひもを使用しています。少しゆったりと貼ると、動きが出ます。

材料 色画用紙、画用紙、フェルト、麻ひも、発泡スチロール板（台紙用）

型紙はP108

10月の うたう壁面 ♪

いもほりのうた
（作詞／高杉自子　作曲／渡辺 茂）

「うんとこしょ　どっこいしょ…」
おいものつるを引っ張って、おいも
掘りごっこが楽しめる壁面です。

案／宮尾怜衣　製作／浦田利江

材料
型紙はP109

色画用紙、画用紙、新聞紙、
クレープ紙、綿ロープ、
クリアファイル、
発泡スチロール板（台紙用）

POINT　つるを引っ張っておいも掘り

こげ茶色とベージュの濃淡3色の畑は、間に台紙を入れて浮かせて貼り、ポケット状に作ります。ポケット部分においもを入れて、つるを引っ張ることで、おいも掘りをしているように動かせます。

作り方

〈つるを通す所〉
- 色画用紙に切り込みを入れる
- クリアファイルの帯をたるませ、両端は切り込みに差し込む（裏でセロハンテープなどで固定する）

〈おいも〉
- しわしわにした色画用紙で新聞紙を包む
- 画用紙などを貼り、模様を描く
- 綿ロープ
- クレープ紙（綿ロープを挟んで両面とも貼る※）

※葉は、つるを通してから貼ります。

11月
November

動物たちの冬ぞなえ

くまさんは木の実を巣へと運び、りすさんは口の中いっぱいに、ほお張ります。
みんな、もうすぐやってくる冬に備えて準備を始めているようです。

案／西内としお　製作／浦田利江

POINT

毛糸と色画用紙で岩を作る

グレーの色画用紙の上に木工用接着剤を塗り、濃いグレーの毛糸を貼って、こうもりの巣を作っています。

材料

色画用紙、画用紙、フェルト、細長い布（鳥にショールのように巻く、）、毛糸、片段ボール、段ボール・厚紙（台紙用）

型紙はP110〜P111

あったかお布団でぐっすり！

みんな、大きな落ち葉のお布団で、スヤスヤぐっすり！ 布や毛糸のあったか素材が決め手です。

案・製作／ひやまゆみ

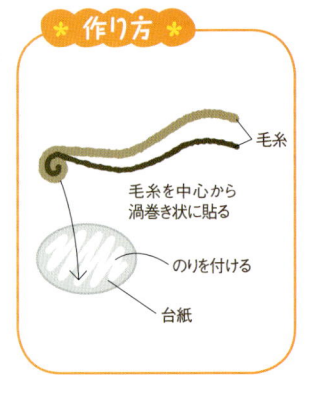

POINT

毛糸でかたつむりを！

葉っぱの布団に隠れているかたつむりは、画用紙に2色の毛糸を渦巻き状に貼り付けて作ります。

作り方

毛糸
毛糸を中心から渦巻き状に貼る
のりを付ける
台紙

材料

色画用紙、布、毛糸、糸、画用紙（台紙用）

型紙はP111〜P112

編み物で、冬支度

寒い冬を前に、みんな編み物を始めました。
帽子とおそろいのマフラー、早くできるといいね。

案・製作／まーぶる

材料 色画用紙、毛糸、フルーツキャップ、発泡スチロール板（台紙用）

型紙はP112

POINT
フルーツキャップ！
帽子＆マフラーの素材になっているのは、フルーツキャップ（果物用の緩衝材）です。ふんわりとしていて、網目に毛糸を通すだけで、簡単に模様が作れます。

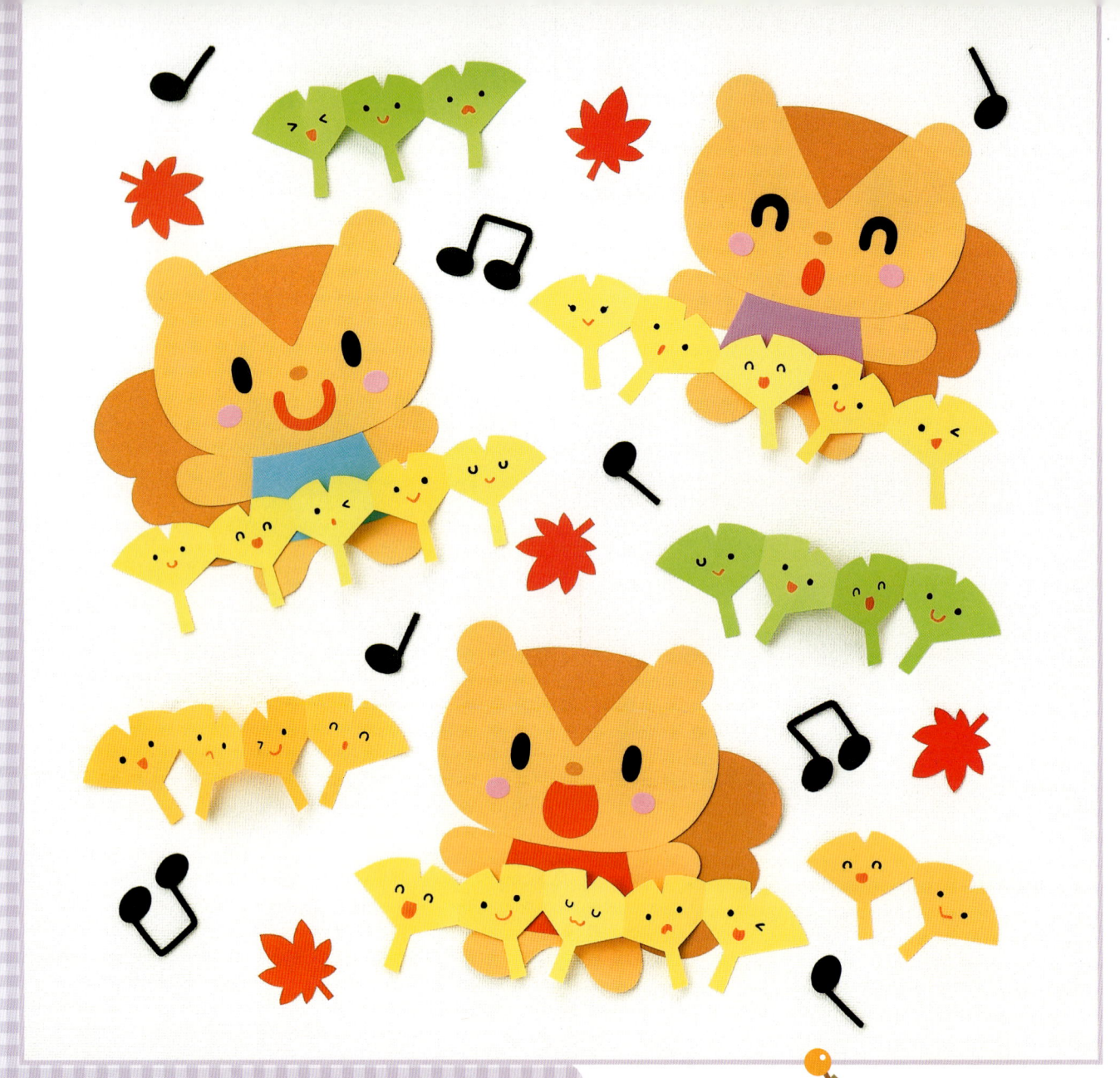

いちょうのダンス

いちょうの葉っぱが楽しくダンス！
りすさんも、誘われて踊りだします。
簡単にできる、秋らしい壁面です。

案・製作／まーぷる

材 料 色画用紙、モール

型紙は **P113**

POINT
重ね切りでラクラク！

連なっているいちょうの葉っぱは、色画用紙を重ね切りして作ります。少し浮かせて貼ると、躍動感が出ます。

作り方

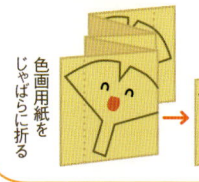

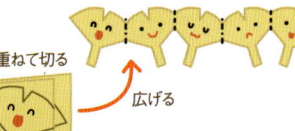

色画用紙をじゃばらに折る → 重ねて切る → 広げる

11月のうたう壁面♪

どんぐりころころ
（作詞／青木存義　作曲／梁田貞）

池に転がって来たどんぐりに、どじょうさんもびっくり！
どんぐりを動かしたり、池をめくったりして、絵変わりが楽しめます。

案／西内としお　製作／浦田利江

材料
色画用紙、画用紙、片段ボール、モール、麻ひも、発泡スチロール板（台紙用）、プッシュピン

型紙はP113〜P114

POINT　どんぐりはリバーシブルに

どんぐりは、笑顔と泣き顔でリバーシブルにし、帽子の上にモールで輪を作ります。麻ひもをどんぐりの輪に通し、麻ひもの両端はプッシュピンで留めて動くしくみを作ります。

※安全のため、プッシュピンは裏側からセロハンテープなどで留めてください。

作り方

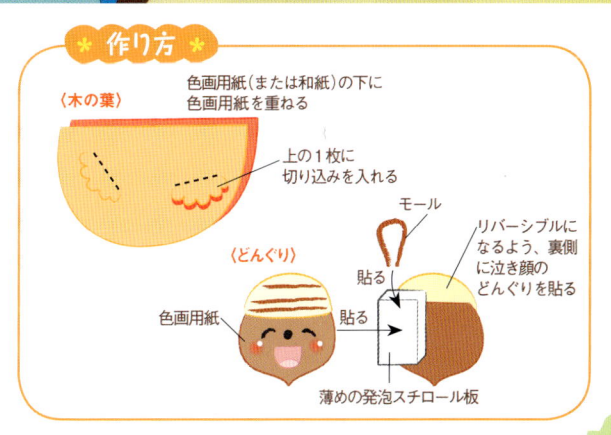

〈木の葉〉
- 色画用紙（または和紙）の下に色画用紙を重ねる
- 上の1枚に切り込みを入れる

〈どんぐり〉
- 色画用紙
- モール
- 貼る
- リバーシブルになるよう、裏側に泣き顔のどんぐりを貼る
- 薄めの発泡スチロール板

12月
December

もうすぐクリスマス！

みんなでクリスマスツリーを飾ったり、靴下を用意したりと楽しく準備中。
クリスマスを心待ちにする気持ちが盛り上がります。

案・製作／＊すまいるママ＊

POINT
包装紙でカラフルに！

壁に飾った靴下やツリーには、カラフルな包装紙を使っています。手軽に華やかさが演出できます。

材料
色画用紙、画用紙、包装紙、キラキラしたモール、折り紙、発泡スチロール板（台紙用）

型紙は **P115**

4月 / 5月 / 6月 / 7月 / 8月 / 9月 / 10月 / 11月 / **12月** / 1月 / 2月 / 3月

はりきりサンタさん

プレゼントをたくさん積んで、サンタさんとトナカイさんは大忙し！次は誰のおうちかな？ 子どもたちが待っています。

案・製作／藤江真紀子

POINT

夜空にキラキラの道が！
夜空の道を作っているオーロラフィルムは、しわをつけたコピー用紙を包むと、色がきれいに見えます。

屋根の形に注目！
長い耳はうさぎさんの家、大きな耳はねずみさんなど、屋根の形で住んでいる動物を表現しています。

材料

色画用紙、画用紙、キラキラした折り紙、オーロラフィルム、キルト芯、コピー用紙、発泡スチロール板（台紙用）

型紙はP116

POINT

キャンドルは半立体で!

キャンドルの炎の部分は、金色のカラー工作用紙の上にでんぐりシートを貼り、ろうそくの部分は、色画用紙を半立体にカーブさせてから、キラキラしたテープなどを貼って作ります。

作り方

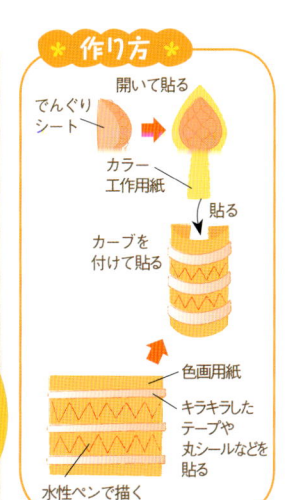

でんぐりシート → 開いて貼る
カラー工作用紙
貼る
カーブを付けて貼る
色画用紙
キラキラしたテープや丸シールなどを貼る
水性ペンで描く

天使のキャンドルツリー

かわいいキャンドルツリーを囲んで、天使たちもにっこり！ キラキラ素材で、クリスマスムードを盛り上げます。

案・製作／まーぶる

材料 色画用紙、画用紙、カラー工作用紙、キラキラしたテープ、でんぐりシート、丸シール、キルト芯、モール、アルミホイル、発泡スチロール板（台紙用）

型紙は P116

大きなケーキを作ろう

ケーキを作って、みんなでパーティーを始めましょう。大きないちごを飾れば、できあがりです。

案・製作／たかはしなな

POINT
半立体で作る！
ケーキは、厚紙と片段ボールで作ります。その上に、カラーポリ袋で綿を包んだ、つやつやいちごを飾ります。

材料
色画用紙、画用紙、綿、包装紙、厚紙、フェルト、モール、片段ボール、カラーポリ袋、キラキラした折り紙、発泡スチロール板（台紙用）

型紙は P117

作り方

〈いちご〉
- モール
- 一度交差させる
- 厚紙の上に綿を載せ、カラーポリ袋で包み、裏側をセロハンテープで留める
- 間を通すように巻いて固定する
- モールの端を裏側に折り込み、セロハンテープで留める

〈ケーキ〉
- 厚紙
- フェルトを貼る
- 片段ボールを貼る
- 色画用紙
- 貼る
- 厚紙

12月の うたう壁面 ♪

おもちゃのチャチャチャ
（作詞／野坂昭如　補作／吉岡 治　作曲／越部信義）

おもちゃの箱から、兵隊さんやロケット、フランス人形などが飛び出す壁面。
飛び出すおもちゃは、子どもたちと相談して決めても楽しいですね。

案・製作／冬野いちこ

材料　型紙はP117

色画用紙、画用紙、片段ボール、
包装紙、厚紙、
発泡スチロール板（台紙用）

POINT

飛び出すように見せるこつ！

兵隊やロケットなどは、水色の台紙の根元だけを貼り、先端が壁から浮くようにすると、おもちゃ箱から飛び出しているように見えます。

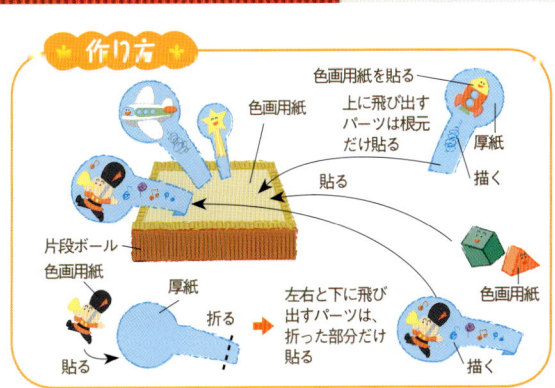

作り方

色画用紙を貼る
上に飛び出すパーツは根元だけ貼る
厚紙
描く
貼る
色画用紙
片段ボール
色画用紙
厚紙
折る
貼る
左右と下に飛び出すパーツは、折った部分だけ貼る
色画用紙
描く

1月 January

龍

わいわい たこあげ

お正月の遊びの定番・たこ揚げを楽しんでいます。伝統的なたこから個性的なたこまで、にぎやかに新春の空を彩ります。

案／宮尾怜衣　製作／浦田利江

POINT

たこは台紙を挟んで！

カラーポリ袋を使った鳥形のたこと、ちょうちょう形のたこは、下に台紙を挟んで浮かせることで、躍動感を出しています。

材料

色画用紙、画用紙、カラーポリ袋、片段ボール、麻ひも、厚紙、段ボール（台紙用）

型紙はP118

おもちが焼けたかな？

網の上でアツアツに焼けて、
プクーッと膨らんだおもちに、
子どもたちもわくわく！
どんなふうに食べようかな？

案・製作／たかはしなな

POINT
おもちは綿を伸ばして！

綿を使っておもちの形を作り、焼けた部分には、クレヨンで焦げ目を付けます。網の下は、アルミホイルとカラーセロハンで炎を表現しています。

材料 色画用紙、綿、アルミホイル、カラーセロハン、お花紙、紙テープ、モール、厚紙・発泡スチロール板（台紙用）

型紙は P119

POINT
晴れ着は千代紙で製作

着物は千代紙を使って作ります。華やかな柄を選べば、晴れ着にピッタリです。

材料 色画用紙、画用紙、折り紙、千代紙、発泡スチロール板（台紙用）

型紙は **P119**

みんな晴れ着でおめでとう

紅白の幕の前で、晴れ着でせいぞろい！お正月の挨拶、できるかな？

案・製作／かとうようこ

にっこり初日の出

キラキラ・ピカピカの初日の出。今年も、お日様の下で元気に遊ぼうね。

案・製作／藤江真紀子

POINT

初日の出はピッカピカに！

カラーポリ袋とキラキラした折り紙を使って、ピカピカの初日の出を作ります。

材料 色画用紙、画用紙、カラーポリ袋、キラキラした折り紙、厚紙、お花紙

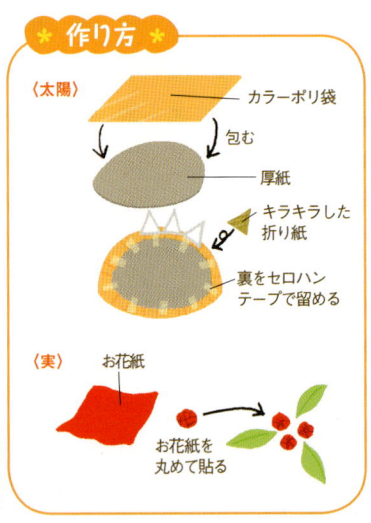

型紙はP120

作り方

〈太陽〉
- カラーポリ袋
- 包む
- 厚紙
- キラキラした折り紙
- 裏をセロハンテープで留める

〈実〉
- お花紙
- お花紙を丸めて貼る

1月の うたう壁面 ♪

ふしぎなポケット
(作詞／まど・みちお　作曲／渡辺 茂)

うさぎさんがポケットをたたくと、おいしそうなビスケットが！
フェルトで作ったビスケットを、貼ってはがして遊べます。

案／西内としお　製作／浦田利江

材料　色画用紙、画用紙、フェルト、綿、ボタン、モール、面ファスナー、キラキラした折り紙、発泡スチロール板（台紙用）

型紙はP120

ビスケットをたくさん貼ってにぎやかに！

POINT

ビスケットを動かして

青空と動物の手とビスケットの裏面に、面ファスナーを貼り付けます。これで、歌に合わせてビスケットを動かしたり、ぺたぺた貼ったりして楽しめます。うさぎさんのポケットに、ビスケットを出し入れすることも可能です。

ポケットにビスケットを入れる

青空に貼って！

2月 February

雪遊びは楽しいね！

雪が降ったら、雪だるまを作ったり、雪合戦をしたり、楽しいことがいっぱいです！

案／宮尾怜衣　製作／みつき

POINT

キルト芯で雪を作って！

雪合戦の雪玉や、作りかけの雪だるま、木に積もった雪も、すべてキルト芯で作って質感を出しています。

材料

色画用紙、画用紙、キルト芯、段ボール（台紙用）

型紙は **P121**

4月
5月
6月
7月
8月
9月
10月
11月
12月
1月
2月
3月

おにさん、怖くないね！

「おには外、福は内！」元気な掛け声が聞こえてきそうです。ユーモラスな表情のおにたちだから、子どもたちも怖くない！

案／西内としお　製作／浦田利江

POINT

豆は、コロコロ丸めて！
豆は、茶色の紙ナプキンをちぎって丸めて作っています。

おにの毛は毛糸で！
おにの髪の毛や体毛には、黒い毛糸を使用して、くしゃっと貼り付けたり、形を作ったりしています。

材料

色画用紙、画用紙、毛糸、
木目調の包装紙、
茶色の紙ナプキン、
段ボール（台紙用）

型紙は P122

うがいでかぜ菌、バイバーイ

かぜがはやるこの時期だからこそ
飾りたい壁面です。
外から帰ったら、うがい、できるかな？

案・製作／冬野いちこ

材料

色画用紙、画用紙、モール、
発泡スチロール板（台紙用）

型紙は P123

POINT

かぜ菌は表情豊かに！

かぜ菌の体は、モールで作ります。手足が自由に動かせて、いろいろな動作が楽しめます。ユーモラスな表情で、子どもたちの目を引き付けましょう。

作り方

モール

4〜5回
きつめにねじる

もう1本のモールを2回巻き付ける

色画用紙

手足の形を作る

先の輪の部分を90度に倒して鼻の位置に差し込む

うめが咲いたよ！

うめの花が咲いたら、美しい鳴き声で春を告げる、うぐいすが！
フレームがついて、まるで絵画のような仕上がりです。

案・製作／ピンクパールプランニング

POINT
うめらしさを表現

茶色の色画用紙を丸めて直線的な枝を作り、うめらしさを強調します。花びらはピンクの色画用紙で濃淡をつけ、奥行き感を出します。

材料 色画用紙、段ボール

型紙は **P123**

作り方

- フレームの1辺は、段ボールを3段重ね、これを4辺組み合わせる
- 枝の端は段ボールの間にはまるように固定する
- はめ込む
- 色画用紙を細く巻く
- 色画用紙
- 枝同士は木工用接着剤で付ける

2月のうたう壁面♪

豆まき
(えほん唱歌)

「おには外！」豆まきをする子どもたちの元気な様子を、絵柄が変化する壁面で見せています。

案・製作／冬野いちこ

POINT
絵柄が変わります

しかけ部分をめくると、おにが逃げて行く絵柄に変わります。うたいながらめくって楽しめます。

しかけをめくると…おにが逃げて行きます

作り方

〈青おに〉 のりしろ　色画用紙　しかけからはみ出ないように注意　めくる　色画用紙

〈赤おに〉 のりしろ　色画用紙　しかけからはみ出ないように注意　めくる　色画用紙

材料 色画用紙、画用紙、大豆、発泡スチロール板（台紙用）

型紙はP124

3月
March

てんとうむしバスで出発！

卒園していく友達と、
進級する友達。
もうすぐ始まる新しい春へ、
てんとうむしバスで出発です。

案／西内としお　製作／浦田利江

POINT

てんとうむしは、綿を入れて丸みを出す

てんとうむしの体は、厚紙に綿を載せてカラーポリ袋で包んでいるので、立体感とつや感が出ます。足はモールで作ります。

材料

色画用紙、画用紙、キラキラした折り紙、
片段ボール、レースペーパー、厚紙、
カラーポリ袋、綿、モール、段ボール（台紙用）

型紙はP125

3月

春風のなかをバルーンに乗って

春の青空に浮かぶバルーンに乗って、
みんなにっこり！
さあ、新しいクラスへ飛んで行こう。

案・製作／さとうゆか

POINT
ふっくらバルーン！

バルーンは、厚紙の上に綿を載せて、布で包んで丸みを出しています。カラフルな色合いが、青空に映えます。

材料

色画用紙、画用紙、布、綿、フェルト、毛糸、モール、厚紙・発泡スチロール板（台紙用）

型紙はP125

きょうは楽しいひな祭り

動物たちが、ひな人形に大変身！
三人官女と五人ばやしも入れて、にぎやかに飾りましょう。

案・製作／冬野いちこ

POINT
段ボールでひな段を
段ボールで作ったひな段に人形たちを並べます。ひな人形の背面を三角形にすると、飾ったときにも安定します。

材料 色画用紙、画用紙、段ボール、モール

型紙は **P126**

3月

春の小川をのぞいてみよう

ぽかぽか陽気に誘われて、小川をのぞいてみると、
魚さんもかえるさんも元気いっぱい！
気持ちのよい、春の訪れが見られます。

案・製作／まーぶる

POINT
スズランテープで川を作る

白・水色・青の3色のスズランテープを使って、せせらぎの音が聞こえてきそうな小川を表現。スズランテープの間に魚を入れて透けて見えるようにすると、透明感が出ます。

材料 色画用紙、画用紙、スズランテープ、モール

型紙はP126

POINT
人形の髪は毛糸で
ひな人形の髪の毛には、茶色い毛糸を使って、ゆるやかにまとめています。

うきうき、桃色ひな祭り

桃の花をベースに、ひな飾りを作りました。全体を桃色で統一すると、春らしさ満開です。

案・製作／ピンクパールプランニング

型紙は **P127**

材料 色画用紙、千代紙、毛糸、金色の紙

3月の うたう壁面 ♪

バスごっこ
（作詞／香山美子　作曲／湯山 昭）

お別れ遠足を前に、バスごっこが楽しめる壁面を！
切符をお隣の人に渡して遊べます。

案／西内としお　　製作／浦田利江

材料
色画用紙、画用紙、フェルト、厚紙、面ファスナー、段ボール（台紙用）

型紙はP127

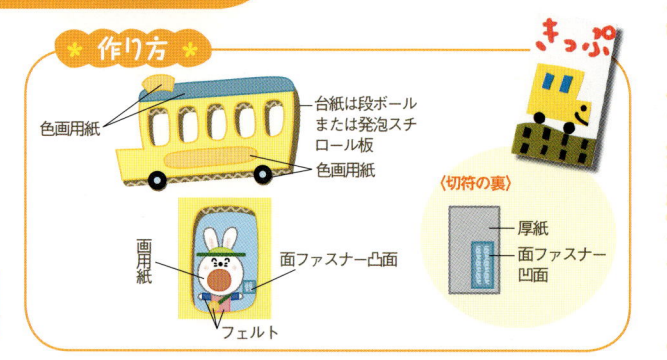

作り方
- 色画用紙
- 台紙は段ボールまたは発泡スチロール板
- 色画用紙
- 画用紙
- 面ファスナー凸面
- フェルト

〈切符の裏〉
- 厚紙
- 面ファスナー凹面

POINT
切符を動かせます！

動物たちの手と切符の裏面に、面ファスナーを付けることで、切符を動かして遊べます。

切符を手にペタッ

切符をポケットに入れることも！

コピー用型紙集

型紙はP00 のマークが付いている壁面の型紙コーナーです。
必要な大きさにコピーしてご利用ください。

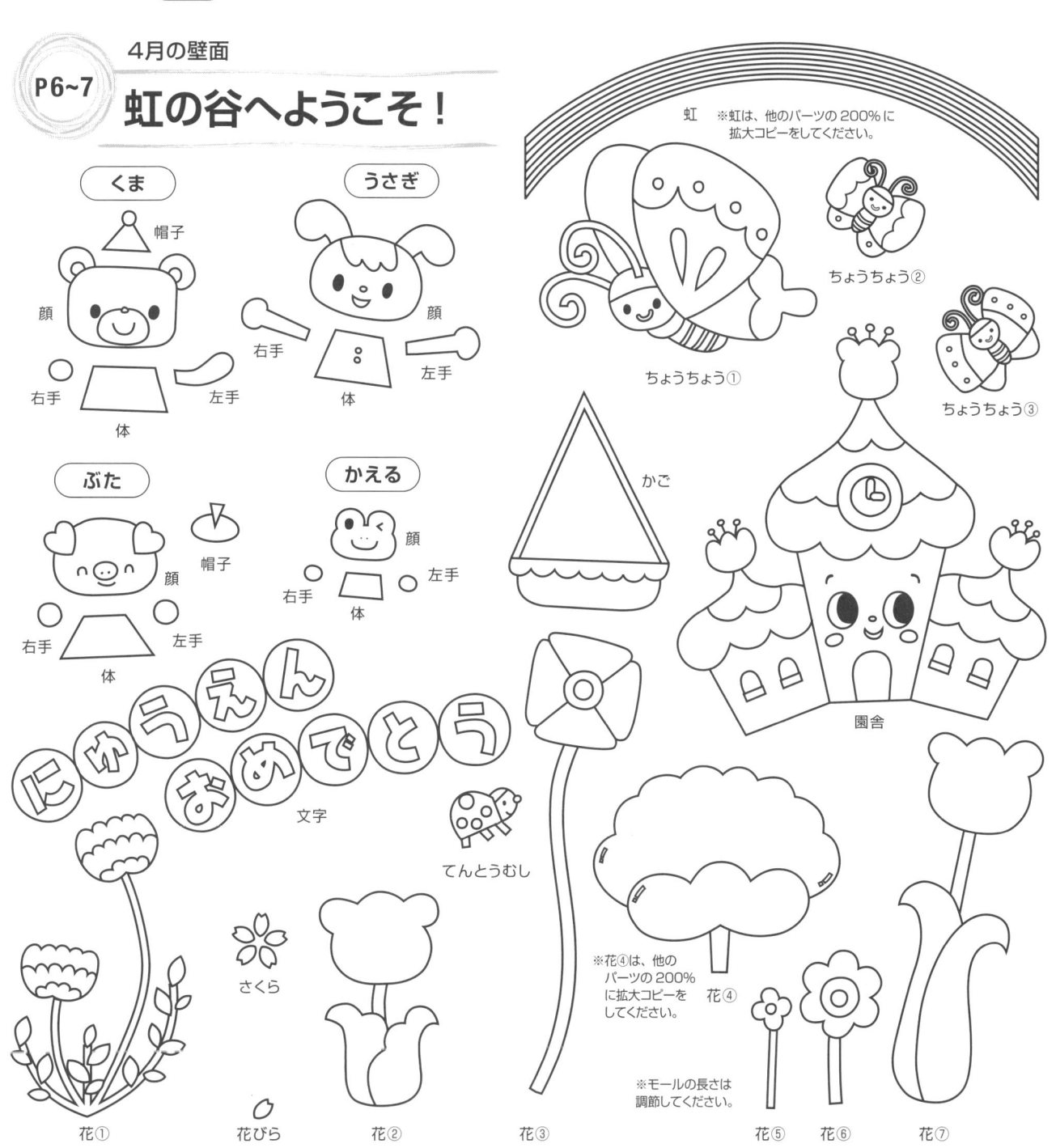

P6~7 4月の壁面
虹の谷へようこそ！

くま — 帽子／顔／右手／左手／体

うさぎ — 右手／顔／左手／体

ぶた — 顔／帽子／右手／左手／体

かえる — 顔／右手／左手／体

虹　※虹は、他のパーツの200%に拡大コピーをしてください。

ちょうちょう①　ちょうちょう②　ちょうちょう③

かご

園舎

文字

てんとうむし

花①　花びら　さくら　花②　花③

※花④は、他のパーツの200%に拡大コピーをしてください。　花④

※モールの長さは調節してください。

花⑤　花⑥　花⑦

このメッセージが見えるまで開くときれいにコピーすることができます。

P8~9 4月の壁面
あおむしさんがおめでとう!

あおむし
顔
鳥
旗
花びら
ちょうネクタイ
体
尾

くま
帽子
顔
左手
右手
体
尾
右足
左足

いぬ
子いぬ
顔
体
尾

うさぎ
手
顔
体
尾
右足
左足

このメッセージが見えるまで開くときれいにコピーすることができます。

82

P10 4月の壁面
動物バスに乗ってゴー！

文字 しんきゅうおめでとう

くま / うさぎ / きりん

帽子・顔・右手・左手・体

帽子・顔・右手・左手・体

右手・顔・左手・体

ちょうちょう①

ちょうちょう②

鳥

雲①

雲②

雲③

動物バス

地面

葉① 葉②

※地面は、他のパーツの200%に拡大コピーをしてください。

このメッセージが見えるまで開くときれいにコピーすることができます。

P11 4月の壁面
チューリップが咲いたよ

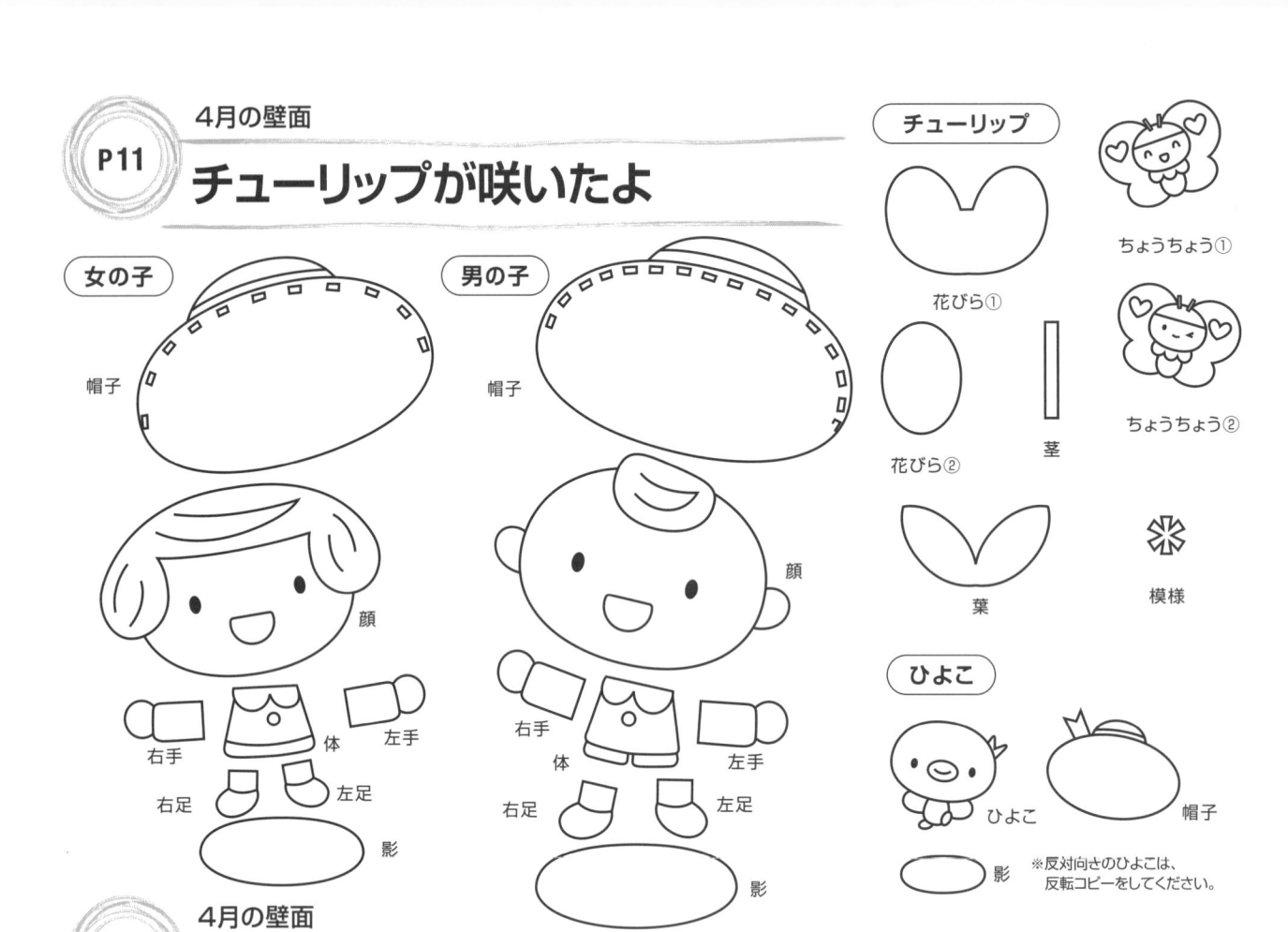

女の子
帽子／顔／右手／体／左手／右足／左足／影

男の子
帽子／顔／右手／体／左手／右足／左足／影

チューリップ
花びら①／花びら②／茎／葉／模様

ちょうちょう①
ちょうちょう②

ひよこ
ひよこ／帽子／影

※反対向きのひよこは、反転コピーをしてください。

P12 4月の壁面
いちごさんのダンス

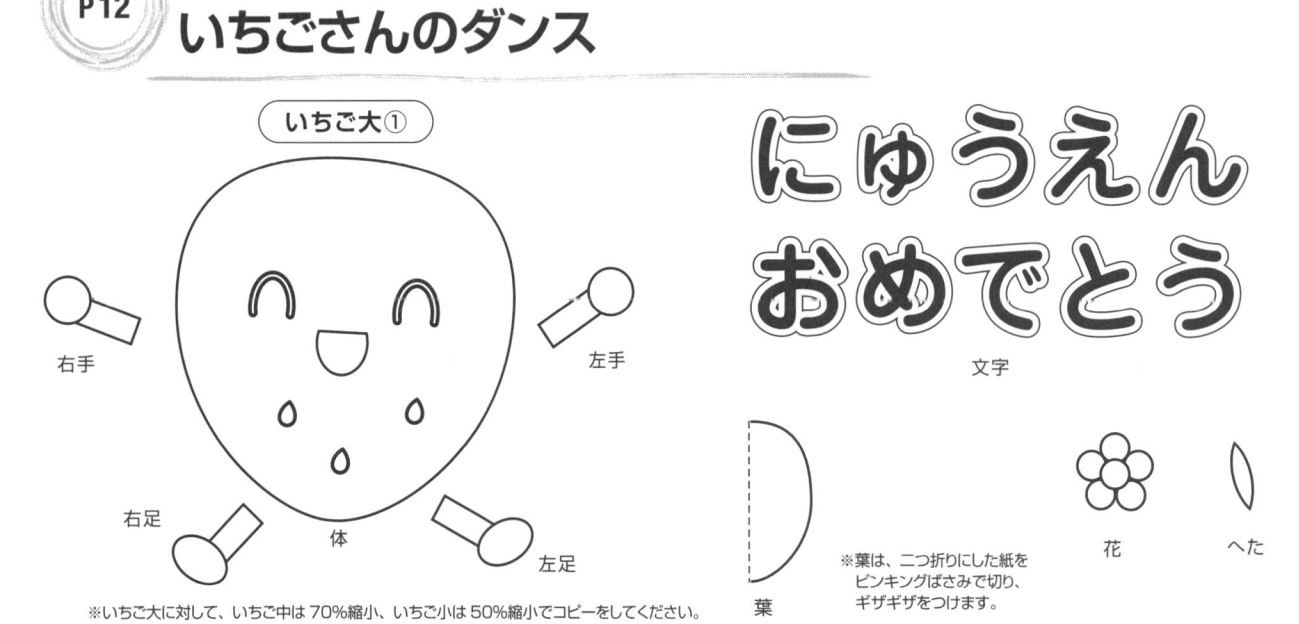

いちご大①
右手／左手／右足／体／左足

※いちご大に対して、いちご中は70％縮小、いちご小は50％縮小でコピーをしてください。

にゅうえん
おめでとう

文字

葉
※葉は、二つ折りにした紙をピンキングばさみで切り、ギザギザをつけます。

花／へた

いちごの表情バリエーション
いちご小①／いちご小②／いちご中／いちご大②

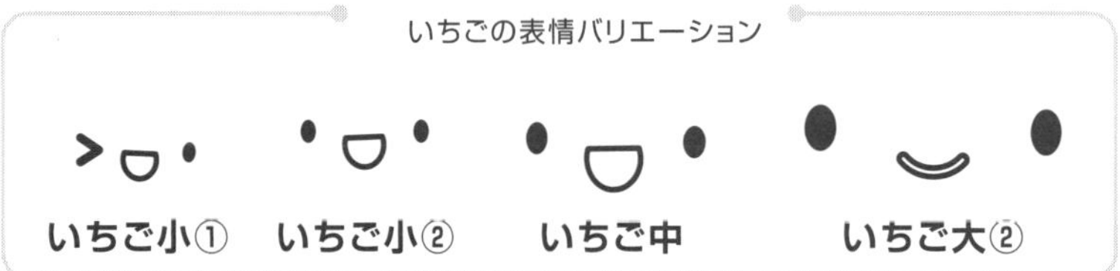

このメッセージが見えるまで開くときれいにコピーすることができます。

P13 4月のうたう壁面
かわいいかくれんぼ

チューリップ

顔 / 右羽 / 左羽 / 体 / 顔 / 体 / 顔 / 羽
右羽 / 顔 / 体 / 右足 / 左足 / 右足 / 左足 / 右足 / 左足 / 羽 / 体
左羽 / ひよこ② / ひよこ③ / ひよこ④
右羽 / 体
右足 / 左足
ひよこ① / ひよこ⑤

花 / 茎 / のりしろ
葉①
―・―・― 山折り
さくらの花びら
のりしろ
葉② / 花 / ちょうちょう

芝生 ※芝生は、ほかのパーツの200％に拡大コピーをしてください。

P14~15 5月の壁面
みんなで草花遊び

うさぎ / りす / ねずみ / ひよこ

顔 / 右手 / 左手 / 体 / 右足 / 左足
顔 / 右手 / 左手 / 体 / 尾 / 右足 / 左足
顔 / 右手 / 左手 / 体 / 右足 / 左足
顔 / 右手 / 左手 / 体 / 右足 / 左足

鳥
とりが運ぶクローバー
― ― ― ― 谷折り
三つ葉のクローバー
四つ葉のクローバー
― ― ― ― 谷折り
雲
クローバーの茎
植え込み①
植え込み②
※大きな植え込みは、拡大コピーをしてください。

このメッセージが見えるまで開くときれいにコピーすることができます。

P16 5月の壁面
こいのぼりが空をす〜いすい！

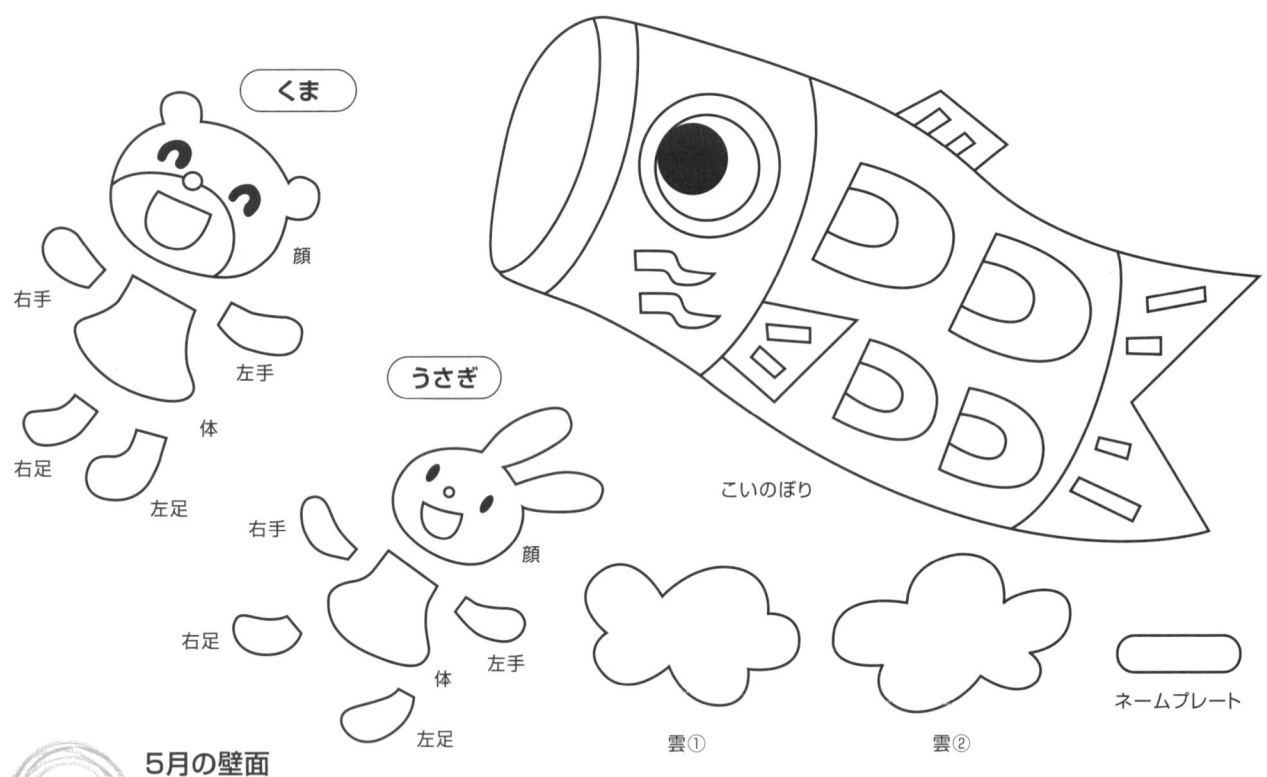

くま
顔
右手 左手
体
右足 左足

うさぎ
顔
右手 左手
体
右足 左足

こいのぼり

雲① 雲②

ネームプレート

P17 5月の壁面
お弁当大好き！

さくらの花びら

———— 谷折り

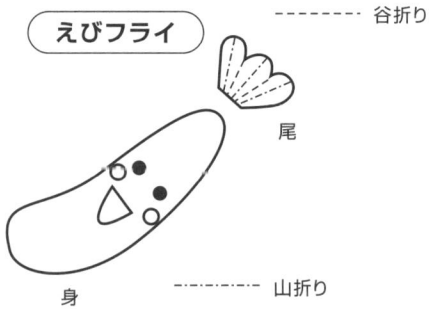

たこウィンナー
体
足① 足②

えびフライ
尾
身

—·—·— 山折り
———— 谷折り

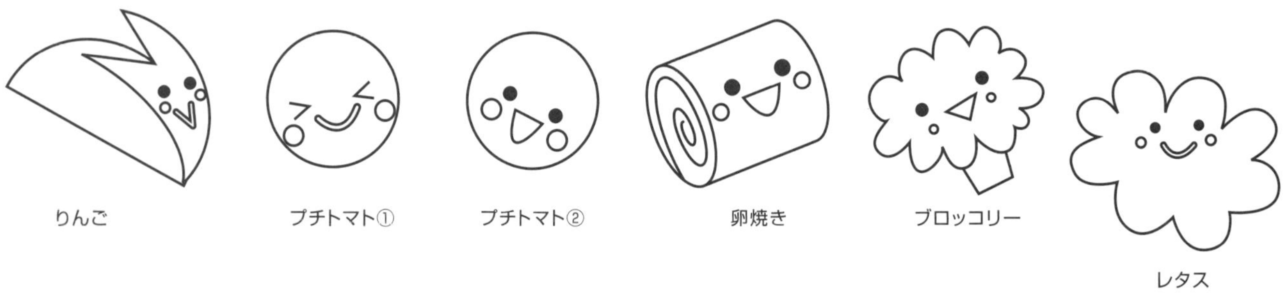

おにぎり① おにぎり②

りんご　プチトマト①　プチトマト②　卵焼き　ブロッコリー　レタス

このメッセージが見えるまで開くときれいにコピーすることができます。

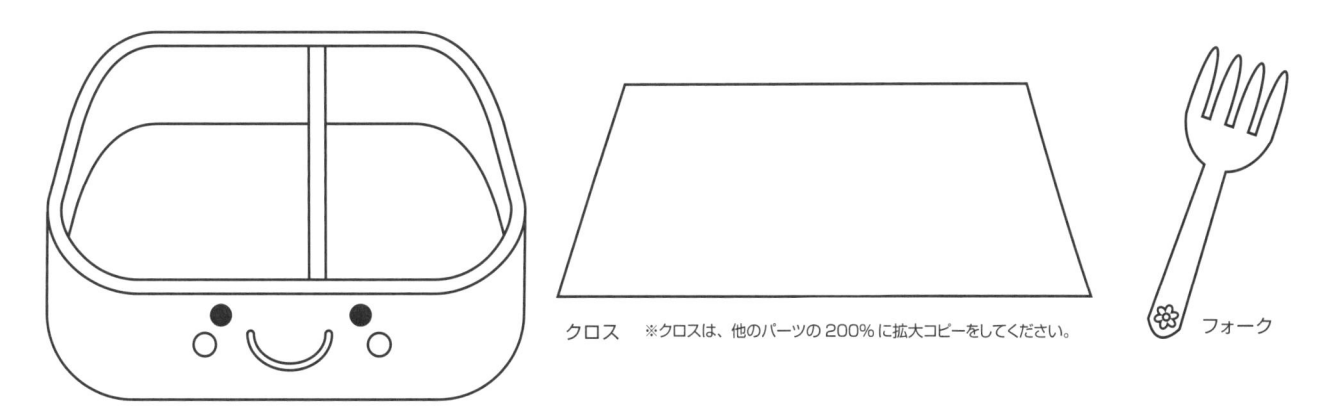

お弁当箱

クロス　※クロスは、他のパーツの200％に拡大コピーをしてください。

フォーク

P18 5月の壁面
もぎたて、さくらんぼパーティー

くま
- 顔
- 右手
- 左手
- 体

さくらんぼ
- 葉
- 実
- 花

うさぎ
- 顔
- 右手
- 左手
- 体

ねずみ
- 顔
- 右手
- 左手
- 体
- 右足
- 左足

ひよこ
- 顔
- 右手
- 左手
- 体
- 右足
- 左足

かご
※かごは、他のパーツの200％に拡大コピーをしてください。

パーツA
のりしろ
※片段ボールで半立体的に作ってください。

山折り

※のりしろ部分を山折りにし、パーツBに貼り付けて作ります。

パーツB

取っ手
※反対向きの取っ手は反転コピーをしてください。

パーツC

このメッセージが見えるまで開くときれいにコピーすることができます。

87

P19 パンダうさぎコアラ

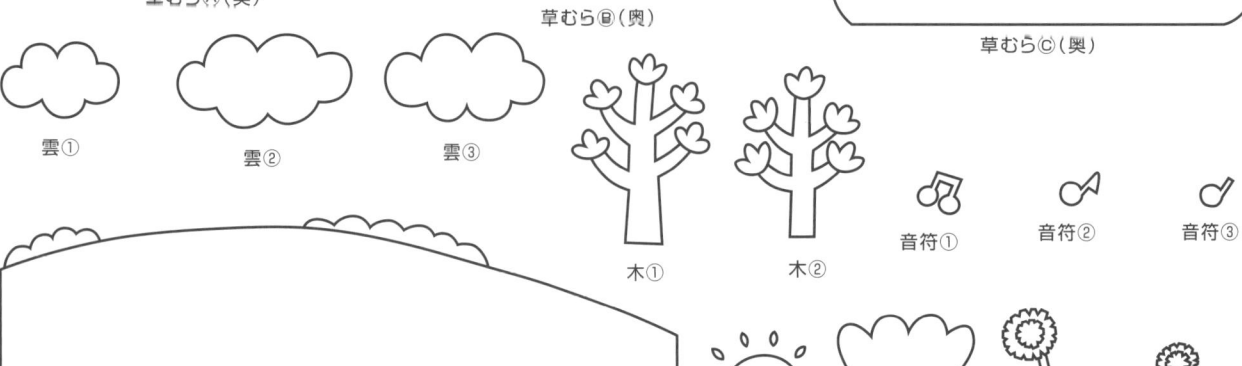

5月のうたう壁面

コアラ / うさぎ / パンダ

顔 / 右手 / 左手 / 切り込み / 体 / 右足 / 左足
にんじん / 顔 / 右手 / 左手 / 切り込み / 右足 / 左足
顔 / 右手 / 左手 / 体 / 右足 / 左足

草むらⒶ（手前） / 草むらⒷ（手前） / 草むらⒸ（手前）

草むらⒶ（奥） / 草むらⒷ（奥） / 草むらⒸ（奥）

雲① / 雲② / 雲③ / 木① / 木② / 音符① / 音符② / 音符③

太陽 / 双葉 / 草 / たんぽぽ① / たんぽぽ②

※たんぽぽ①②の茎の長さは、自由に調節してください。

丘　※丘は、他のパーツの200％に拡大コピーをしてください。

このメッセージが見えるまで開くときれいにコピーすることができます。

P20~21　6月の壁面
雨の日も楽しいね！

うさぎ：顔／手／体／右足／左足
コアラ：顔／体／右手／左手／右足／左足
ぶた：顔／体／右手／左手／右足／左足
いぬ：右手／顔／左手
たぬき：顔／体／右手／左手
くま：顔／右手／左手／体／右足／左足

かえる①／かえる②／かえる③

雨の妖精①／雨の妖精②／雨の妖精③／雨の妖精④
雨粒①／雨粒②／水玉
ねこ／ねずみ
鳥①／鳥②／鳥③

傘①／音符①／音符②／傘②／傘③／傘④

※反対向きの音符は反転コピーを、小さな音符は縮小コピーをしてください。

あじさい①／あじさい②／あじさいの葉
雲①／雲②／雲③
葉①／葉②
水たまり／草
池

このメッセージが見えるまで開くときれいにコピーすることができます。

6月の壁面

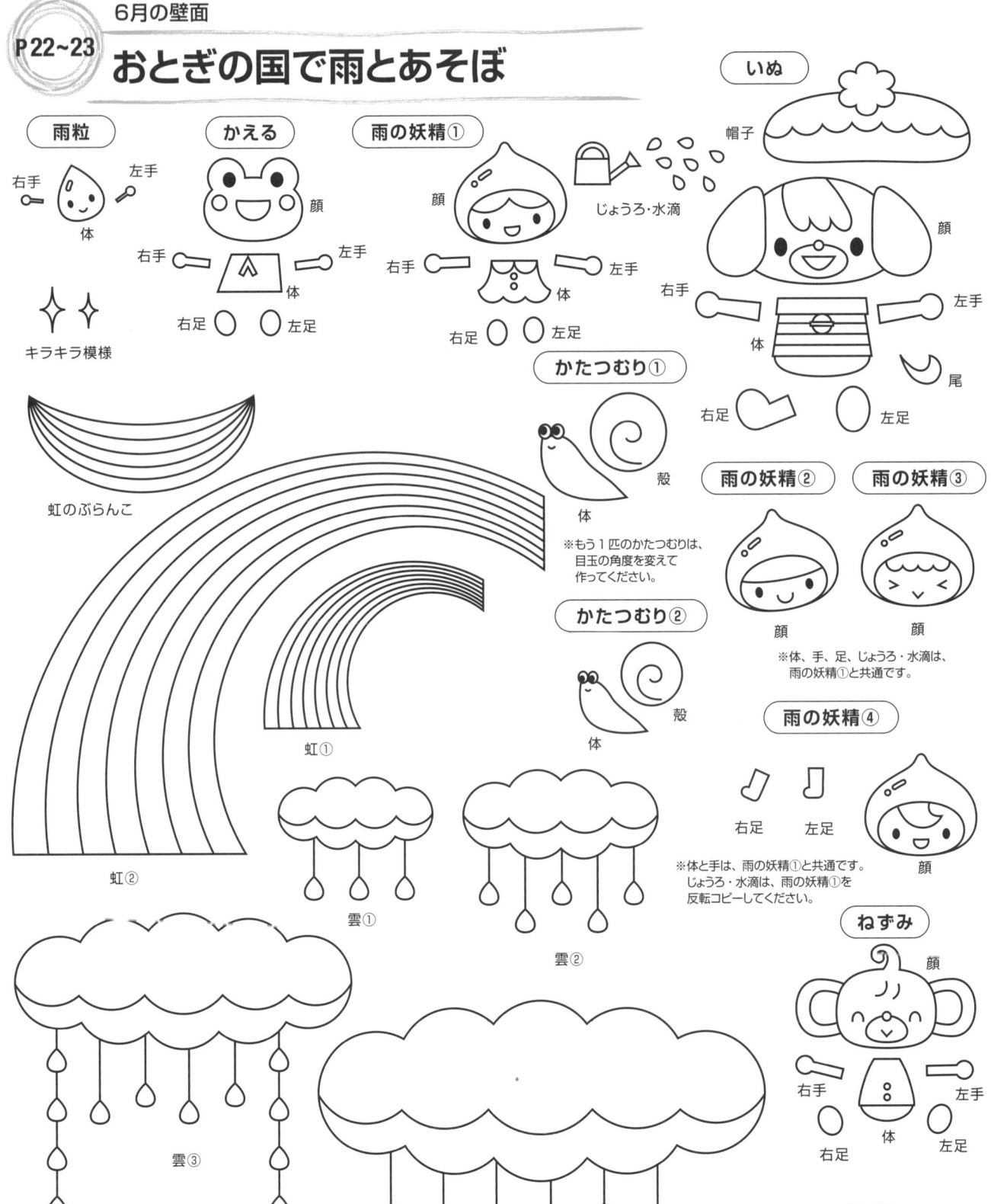

P22〜23 **おとぎの国で雨とあそぼ**

いぬ
帽子
顔
右手 左手
体
尾
右足 左足

雨粒
右手 左手
体

かえる
顔
右手 左手
体
右足 左足

雨の妖精①
顔
じょうろ・水滴
右手 左手
体
右足 左足

キラキラ模様

かたつむり①
殻
体
※もう1匹のかたつむりは、目玉の角度を変えて作ってください。

雨の妖精②
顔

雨の妖精③
顔
※体、手、足、じょうろ・水滴は、雨の妖精①と共通です。

虹のぶらんこ

虹①

かたつむり②
殻
体

雨の妖精④
右足 左足
顔
※体と手は、雨の妖精①と共通です。じょうろ・水滴は、雨の妖精①を反転コピーしてください。

虹②

雲①

雲②

ねずみ
顔
右手 左手
体
右足 左足

雲③

雲④

雲⑤

このメッセージが見えるまで開くときれいにコピーすることができます。

P23 6月の壁面
雨上がりのあじさい

あじさい①　あじさい②

太陽　滴

かえる①　かえる②　かえる③

かたつむり①　かたつむり②

目　殻　目

体

※体と殻は、かたつむり①と共通です。

葉①　葉②

※谷折りして、軽く折り筋を付けてください。

-------- 谷折り

植え込み

※植え込みは、他のパーツの300％に拡大コピーをしてください。

P24 6月の壁面
きれいな虹が出たよ！

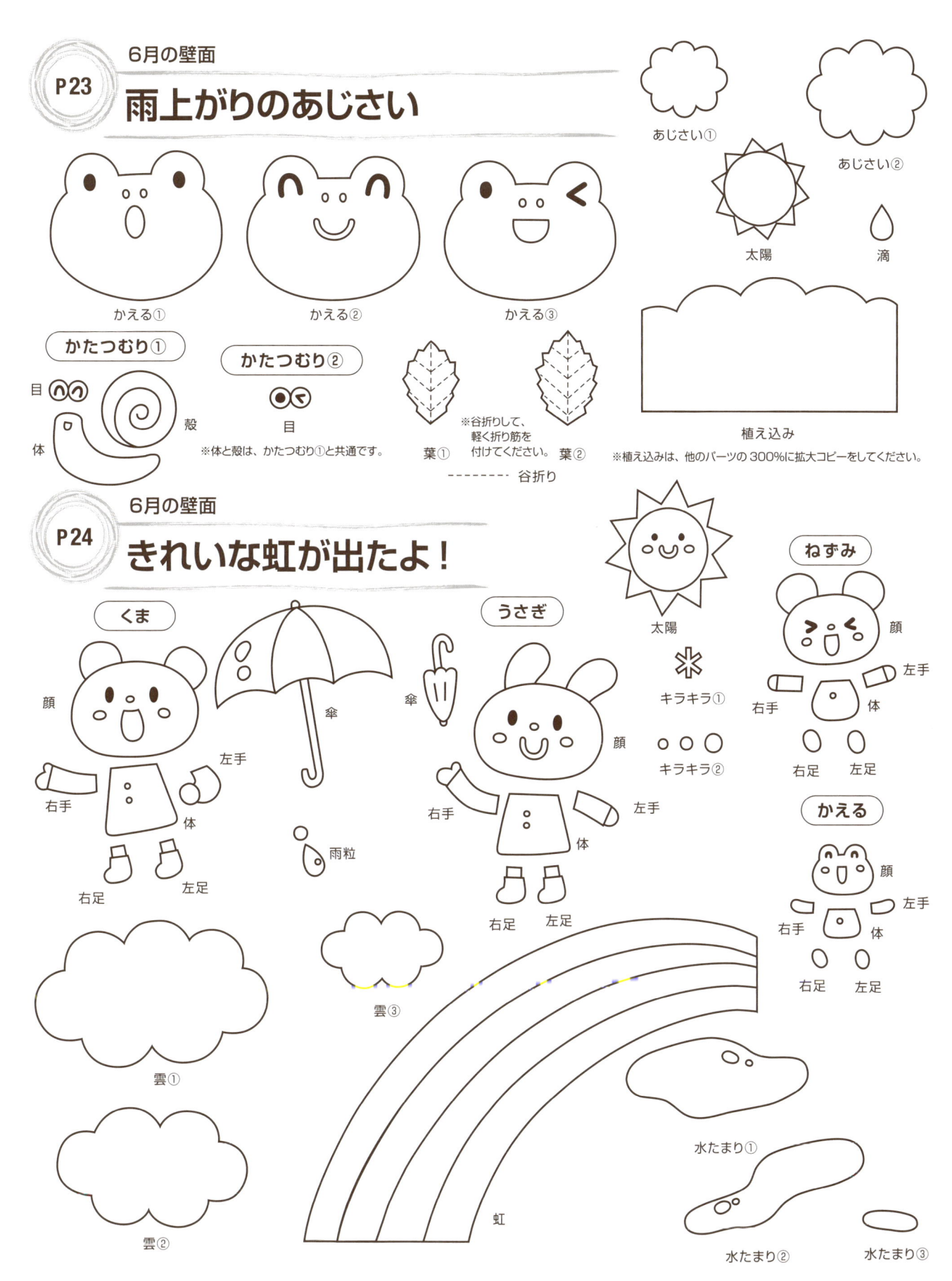

太陽

キラキラ①

キラキラ②

ねずみ
顔　右手　左手　体　右足　左足

くま
顔　右手　左手　体　右足　左足　傘

うさぎ
顔　右手　左手　体　右足　左足　傘

雨粒

かえる
顔　右手　左手　体　右足　左足

雲①　雲②　雲③

虹

水たまり①　水たまり②　水たまり③

このメッセージが見えるまで開くときれいにコピーすることができます。

91

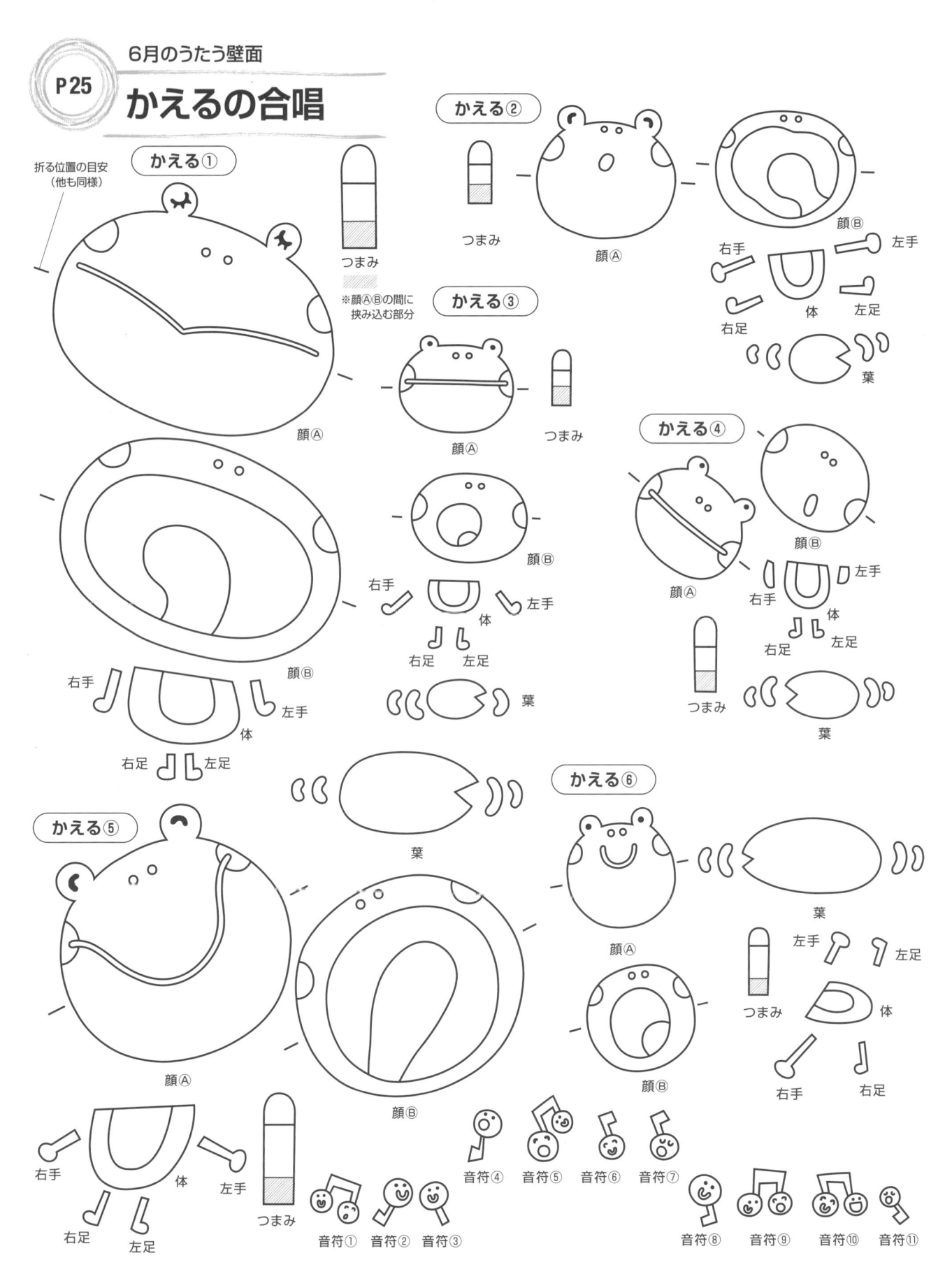

P25 6月のうたう壁面
かえるの合唱

かえる①
折る位置の目安（他も同様）
つまみ
※顔ⒶⒷの間に挟み込む部分

かえる②
顔Ⓐ つまみ
右手 顔Ⓑ 左手
右足 体 左足
葉

かえる③
顔Ⓐ つまみ
顔Ⓑ
右手 左手
体
右足 左足
葉

かえる④
顔Ⓐ 顔Ⓑ
右手 左手
体
右足 左足
つまみ
葉

かえる⑤
顔Ⓐ
右手 左手
体
右足 左足
葉
顔Ⓑ

かえる⑥
顔Ⓐ
葉
つまみ
左手
体 左足
顔Ⓑ
右手 右足

体
右手 左手
右足 左足
つまみ

音符① 音符② 音符③ 音符④ 音符⑤ 音符⑥ 音符⑦ 音符⑧ 音符⑨ 音符⑩ 音符⑪

このメッセージが見えるまで開くときれいにコピーすることができます。

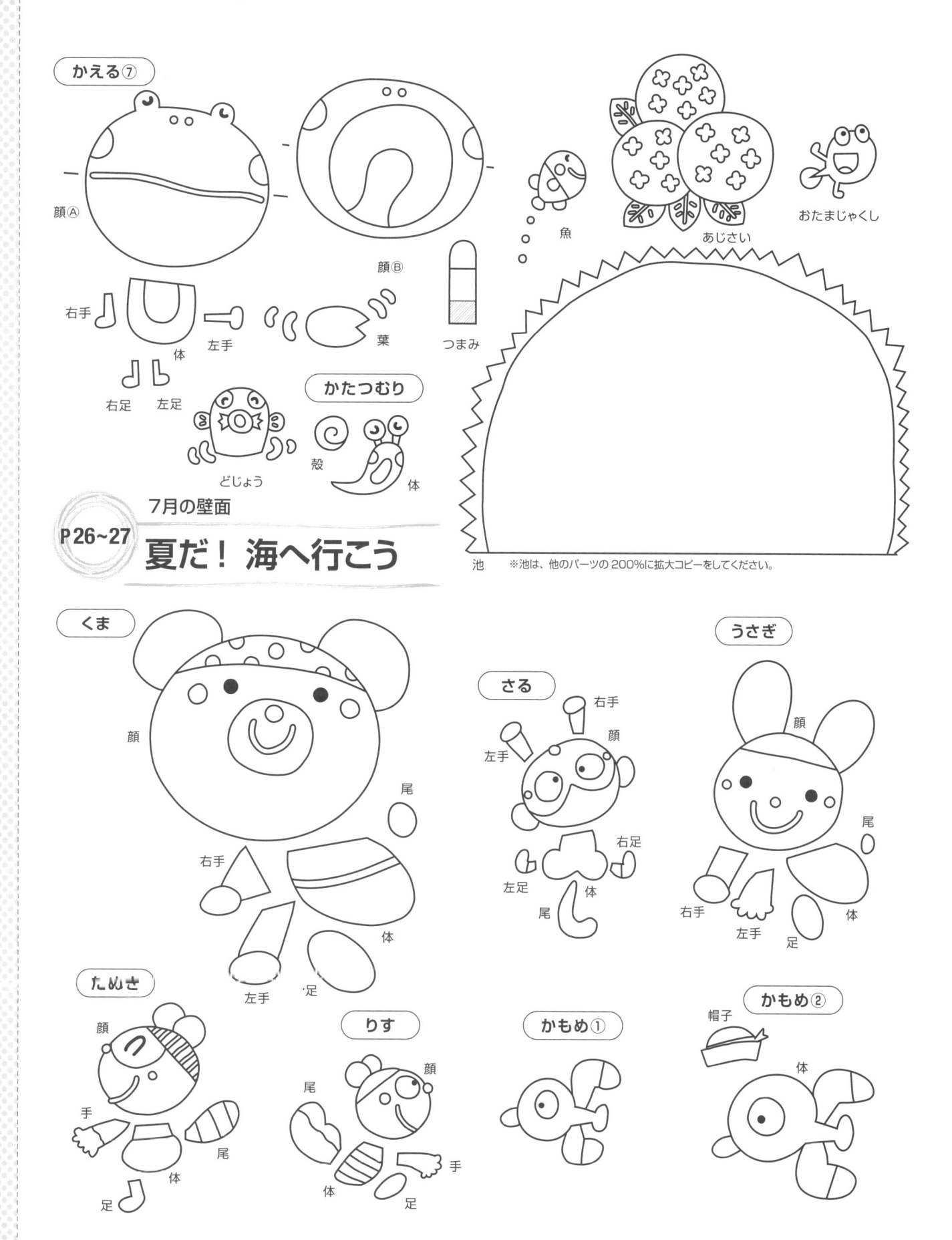

かえる⑦
顔Ⓐ　顔Ⓑ　右手　体　左手　葉　つまみ　右足　左足

かたつむり
どじょう　殻　体

魚　あじさい　おたまじゃくし

池　※池は、他のパーツの200%に拡大コピーをしてください。

P26〜27　7月の壁面
夏だ！海へ行こう

くま
顔　右手　体　尾　左手　足

さる
左手　右手　顔　左足　右足　尾　体

うさぎ
顔　右手　尾　左手　体　足

たぬき
顔　手　体　尾　足

りす
尾　顔　体　手　足

かもめ①

かもめ②
帽子　体

このメッセージが見えるまで開くときれいにコピーすることができます。

ねこ
顔
手
体
尾
右足

ねずみ
左手
顔
右手
尾
体

とびうお

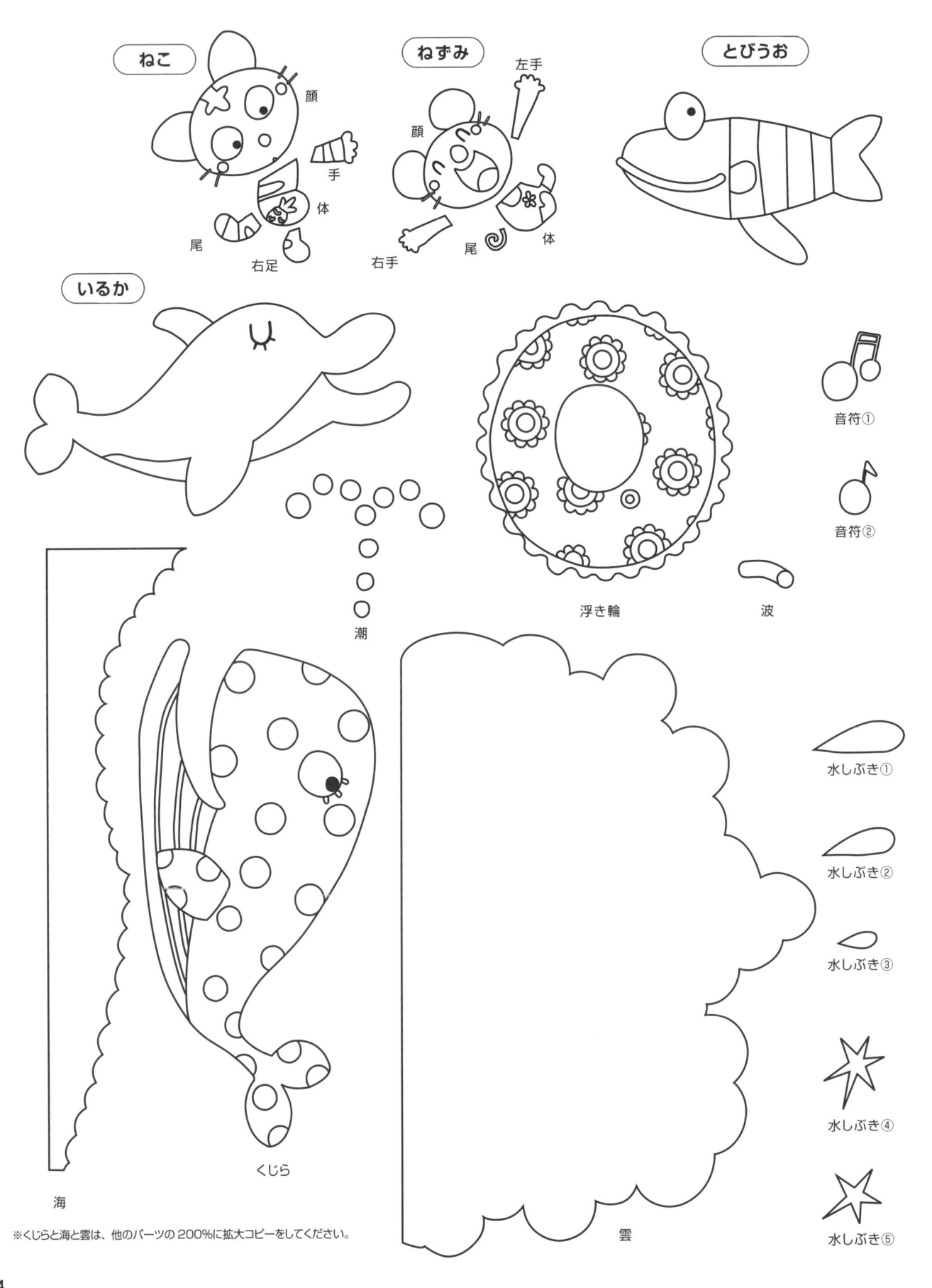

いるか

潮

浮き輪
波

音符①
音符②

水しぶき①
水しぶき②
水しぶき③
水しぶき④
水しぶき⑤

海
くじら
雲

※くじらと海と雲は、他のパーツの200%に拡大コピーをしてください。

このメッセージが見えるまで開くときれいにコピーすることができます。

P28 7月の壁面 織姫と彦星の仲よしデート！

織姫
- キラキラ模様
- 顔
- 右手
- 左手
- 体
- 右足
- 左足
- 羽衣

彦星
- 飾り
- 顔
- 右手
- 左手
- 体
- 右足
- 左足

流れ星
※小さな流れ星は、縮小コピーをしてください。

星
※小さな星は、縮小コピーをしてください。

天の川
※天の川は、他のパーツの200％に拡大コピーをしてください。

P29 7月の壁面 砂浜であそぼ！

くじら　ソフトクリーム　かもめ①　かもめ②　かもめ③

くま
- 帽子
- 顔
- 右手
- 左手
- 体
- 右足
- 左足
- 影

うさぎ
- 顔
- 尾
- 体
- 右手

ぶた
- 顔
- 左手
- 体
- 左手の影
- 右足
- 左足
- くま手
- くま手の影

すいか　太陽

このメッセージが見えるまで開くときれいにコピーすることができます。

95

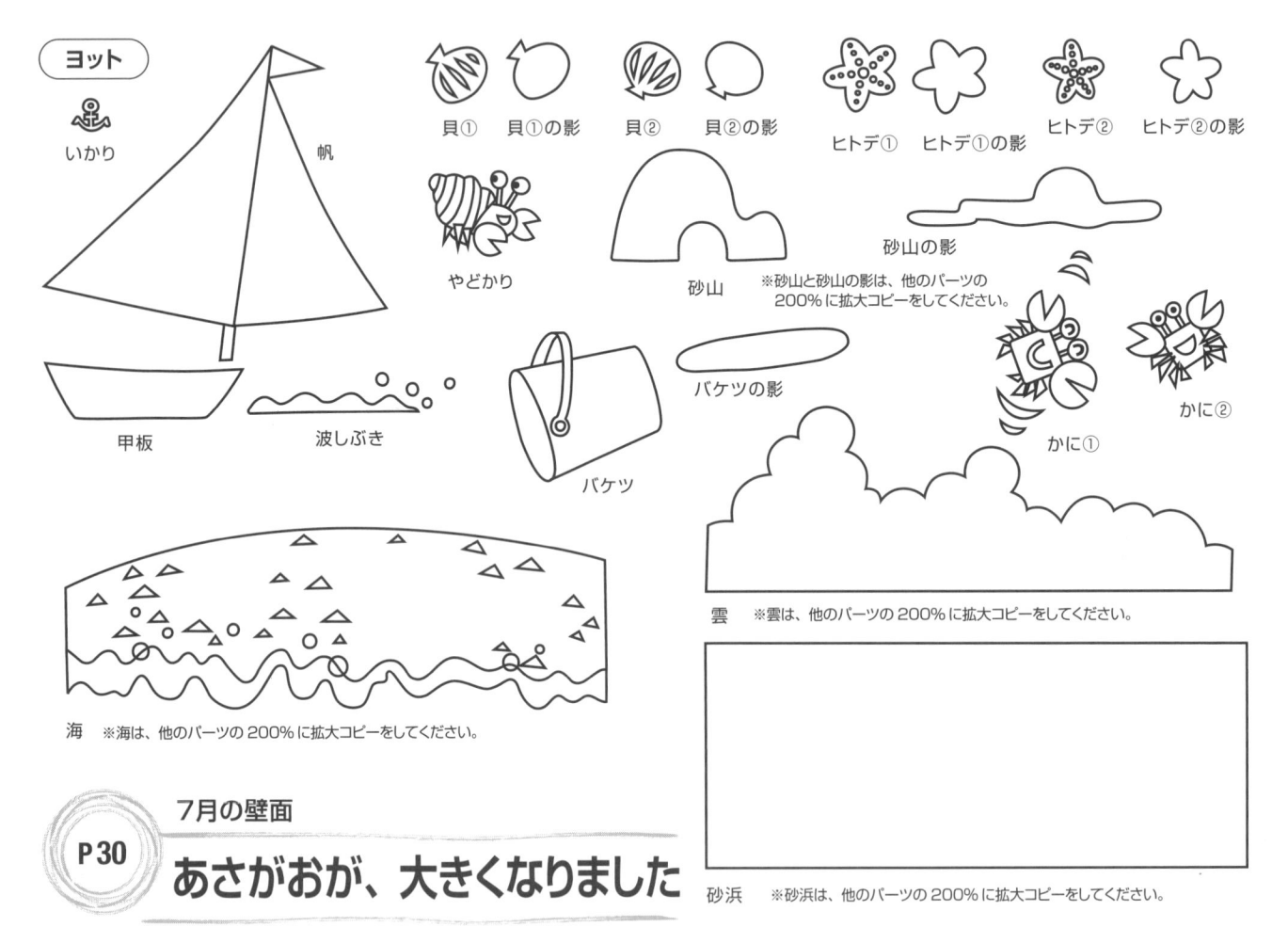

ヨット

- いかり
- 帆
- 甲板
- 波しぶき
- 貝①
- 貝①の影
- 貝②
- 貝②の影
- ヒトデ①
- ヒトデ①の影
- ヒトデ②
- ヒトデ②の影
- やどかり
- 砂山
- 砂山の影
- ※砂山と砂山の影は、他のパーツの200％に拡大コピーをしてください。
- バケツ
- バケツの影
- かに①
- かに②
- 海 ※海は、他のパーツの200％に拡大コピーをしてください。
- 雲 ※雲は、他のパーツの200％に拡大コピーをしてください。
- 砂浜 ※砂浜は、他のパーツの200％に拡大コピーをしてください。

P30　7月の壁面　あさがおが、大きくなりました

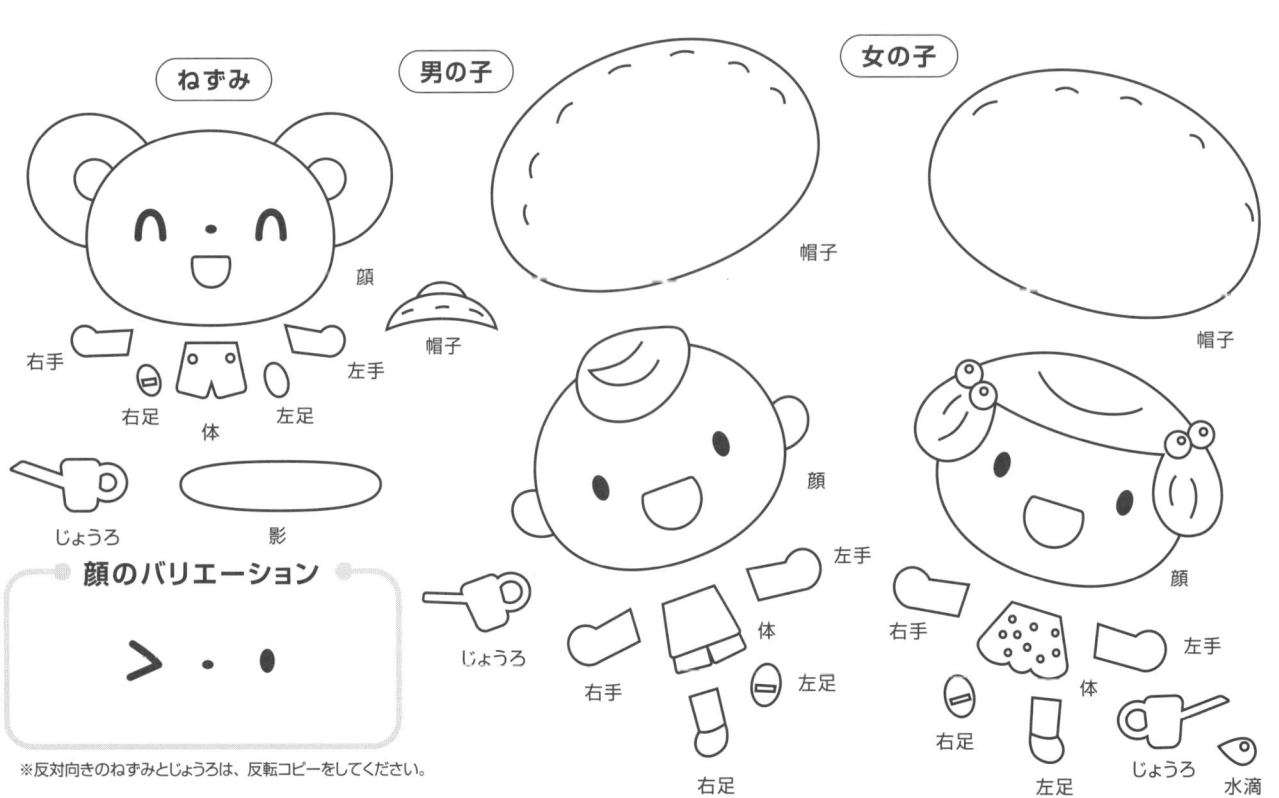

ねずみ
- 顔
- 右手
- 左手
- 右足
- 左足
- 体
- じょうろ
- 影

顔のバリエーション
＞ ・ ○

※反対向きのねずみとじょうろは、反転コピーをしてください。

男の子
- 帽子
- 顔
- 右手
- 左手
- 体
- 右足
- 左足
- じょうろ

女の子
- 帽子
- 顔
- 右手
- 左手
- 体
- 右足
- 左足
- じょうろ
- 水滴

このメッセージが見えるまで開くときれいにコピーすることができます。

※雲は、他のパーツの200％に拡大コピーをしてください。

雲

葉 ------ 谷折り
※小さな葉は、縮小コピーをしてください。

太陽

あさがお

花びら
※小さな花びらは、縮小コピーをしてください。

つぼみ

花の中心
※小さな花の中心は、縮小コピーをしてください。

地面 ※地面は、他のパーツの300％に拡大コピーをしてください。 切り込み

7月のうたう壁面
P31 **アイアイ**

さる① 顔 / 尾 体
さる② 体 顔
さる③ 顔

葉 小さい木 小さい島
木① 木②
※木①②は、他のパーツの200％に拡大コピーをしてください。

雲 草① 草②
※大きさの違う雲、草①②は、拡大・縮小コピーをしてください。

動くさる　表
右手 顔 左手 体 右足 左足 尾

動くさる　裏
左手 顔 右手 体 右足 左足 尾
※動くさるは、裏と表を貼り合わせて作ります。

海
砂浜 ※海と砂浜は、他のパーツの200％に拡大コピーをしてください。

動くさるの顔のバリエーション

このメッセージが見えるまで開くときれいにコピーすることができます。

97

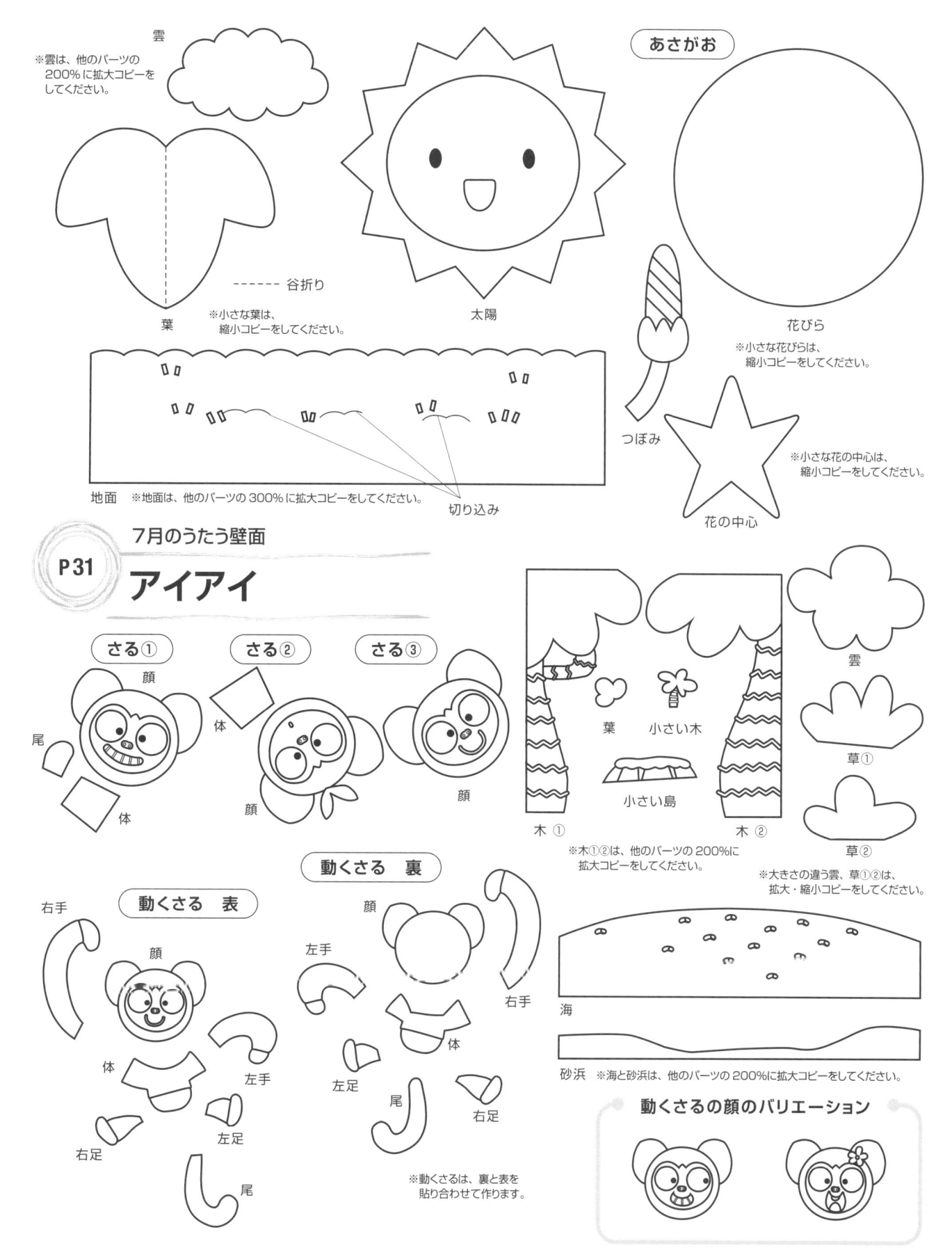

8月の壁面
P32~33 夏祭りで盛り上がろう！

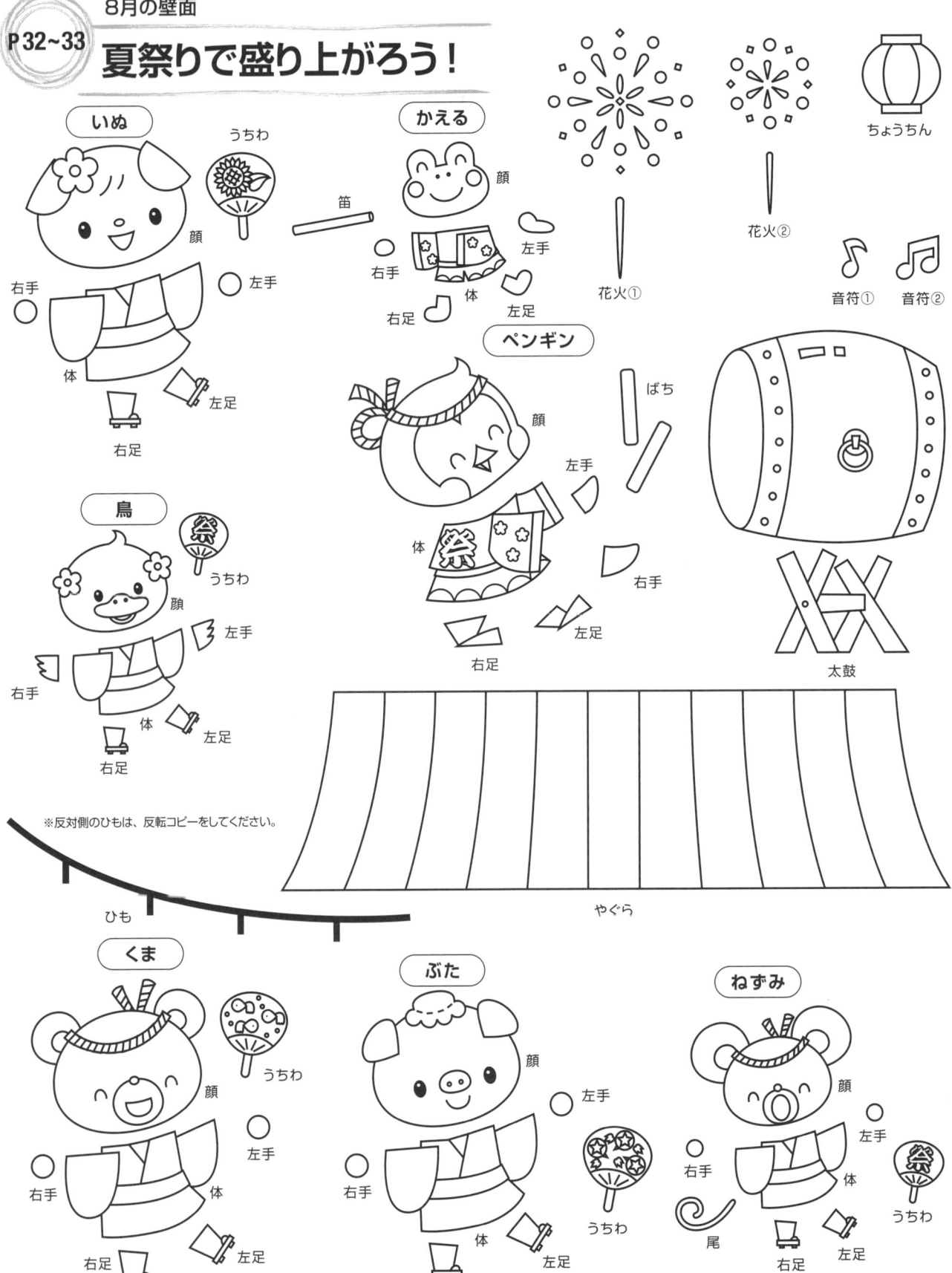

いぬ — 顔／うちわ／右手／左手／体／右足／左足

かえる — 顔／笛／右手／左手／体／右足／左足

花火①／花火②／ちょうちん／音符①／音符②

ペンギン — 顔／体／ばち／左手／右手／右足／左足

太鼓

鳥 — 顔／うちわ／左手／右手／体／右足／左足

※反対側のひもは、反転コピーをしてください。

ひも

やぐら

くま — 顔／うちわ／右手／左手／体／右足／左足

ぶた — 顔／うちわ／右手／左手／体／右足／左足

ねずみ — 顔／うちわ／右手／左手／体／尾／右足／左足

このメッセージが見えるまで開くときれいにコピーすることができます

98

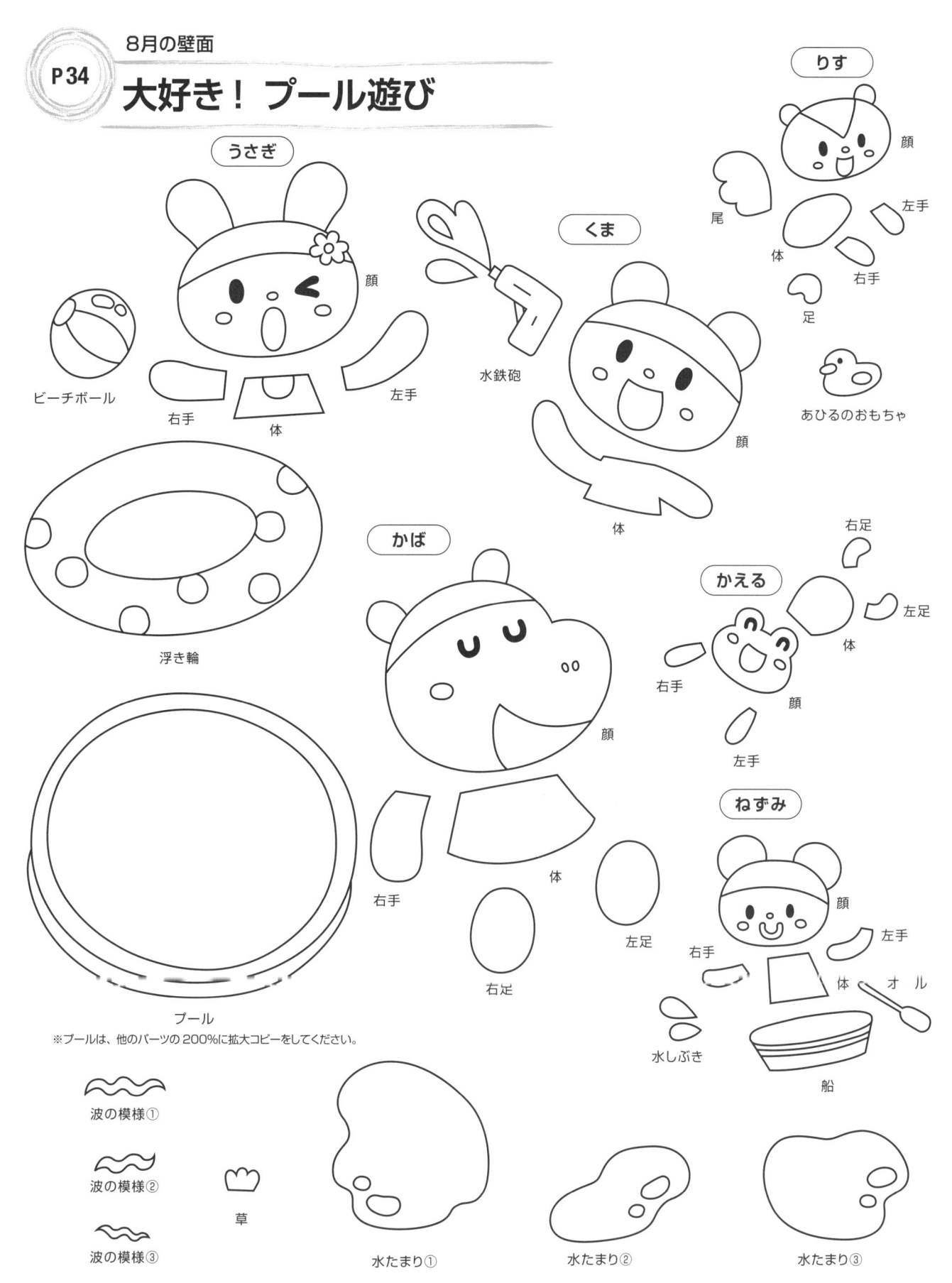

P34 8月の壁面 大好き！プール遊び

うさぎ
- ビーチボール
- 顔
- 右手
- 体
- 左手

くま
- 水鉄砲
- 顔
- 体

りす
- 顔
- 尾
- 左手
- 体
- 右手
- 足
- あひるのおもちゃ

かば
- 顔
- 右手
- 体
- 左足
- 右足

かえる
- 右手
- 顔
- 左手
- 右足
- 左足
- 体

ねずみ
- 顔
- 左手
- 右手
- 体
- オルル
- 水しぶき
- 船

- 浮き輪
- プール
- ※プールは、他のパーツの200%に拡大コピーをしてください。

- 波の模様①
- 波の模様②
- 草
- 波の模様③
- 水たまり①
- 水たまり②
- 水たまり③

このメッセージが見えるまで開くときれいにコピーすることができます。

99

P35 8月の壁面
ひまわり畑は楽しいな！

※反対向きの茎は反転コピーをしてください。

くま — 帽子、顔、右手、左手、体、両足
ぞう — 帽子、顔、右手、左手、体、両足
うさぎ — 帽子、顔、右手、左手、体、両足

ひまわりの中心、雲、花びら、葉①、葉②、茎、星（大）、星（小）

P36 8月の壁面
打ち上げ花火、きれいだね！

かば — 顔、右手、左手、体、尾、右足、左足
ねこ — 顔、右手、左手、体、尾、右足、左足、綿菓子、すいか
くま — 顔、右手、左手、体、尾、右足、左足、ソフトクリーム

花火の丸い模様、花火の中心の星、草
打ち上げ跡①　打ち上げ跡②　打ち上げ跡③

背景　※背景は、他のパーツの200%に拡大コピーをしてください。

このメッセージが見えるまで開くときれいにコピーすることができます。

8月のうたう壁面

P37 海

回転盤（いるか）

切り込みを入れる

切り抜く

くじら

回転盤（太陽・月）

切り込みを入れる

－・－・－ 山折り
－－－－ 谷折り

船

男の子①
顔
右手　左手
体

男の子③
顔
体　手

男の子②
顔
右手　左手
体

－－－－ 谷折り

ヨット
波
いぬ
体　顔

切り込みを入れる

雲

気球

とびお

切り込みを入れる

あざらし

波

－－－－ 谷折り

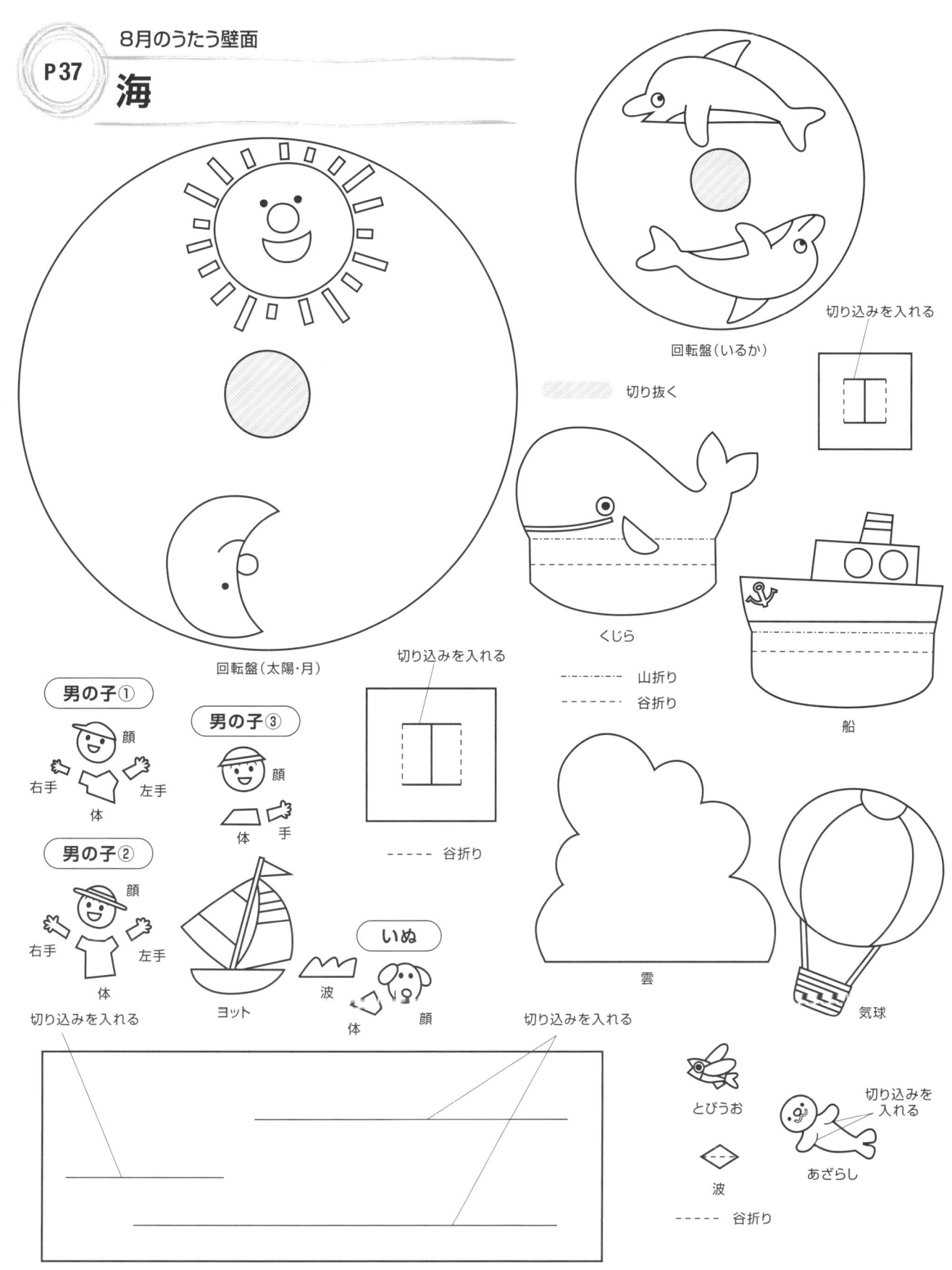

切り込みを入れる

海　※海は、他のパーツの200%に拡大コピーをしてください。

このメッセージが見えるまで開くときれいにコピーすることができます。

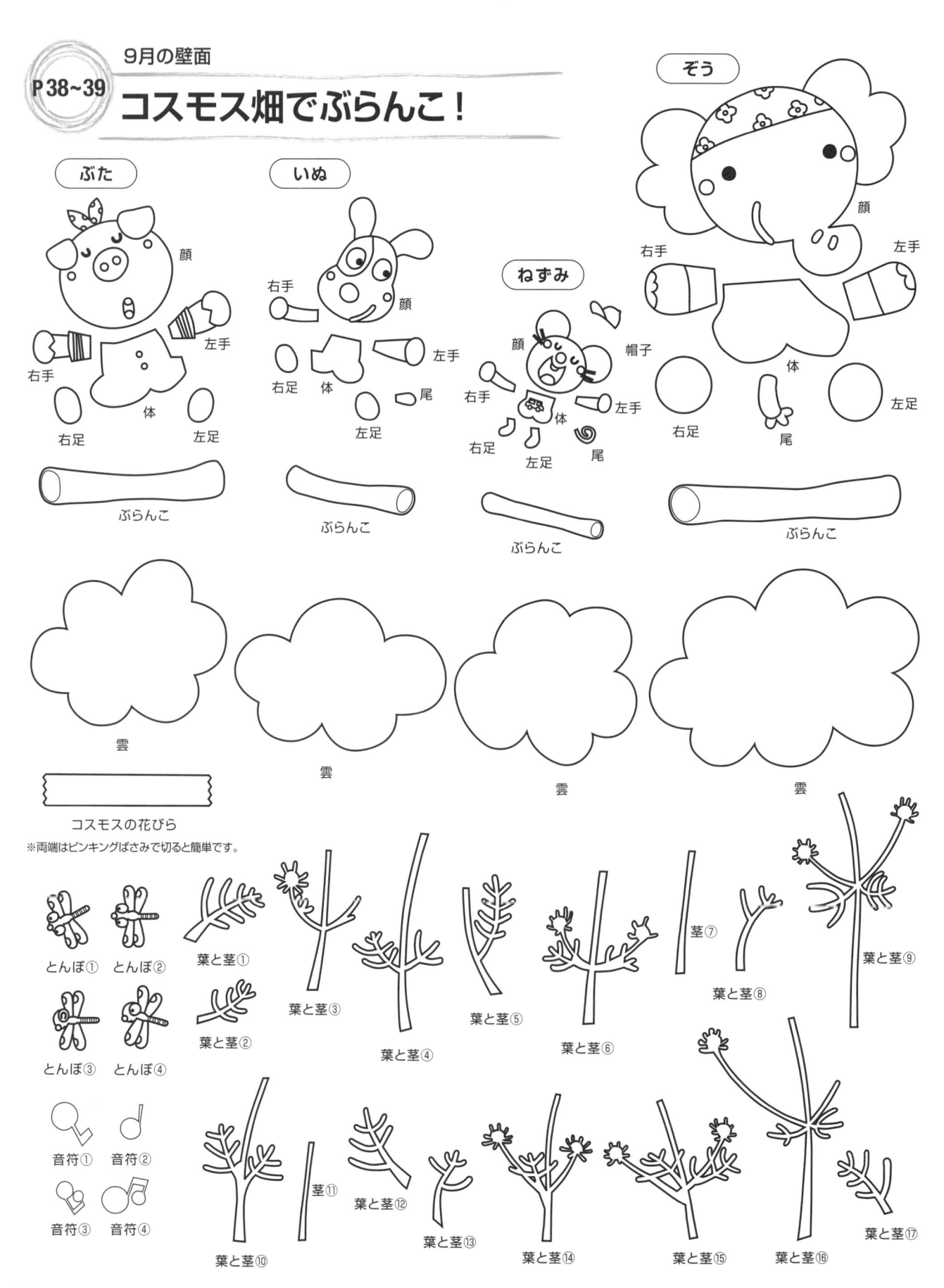

9月の壁面 P38~39 コスモス畑でぶらんこ！

ぶた — 顔／右手／左手／体／右足／左足／ぶらんこ

いぬ — 顔／右手／左手／体／右足／左足／尾／ぶらんこ

ねずみ — 顔／帽子／右手／左手／体／右足／左足／尾／ぶらんこ

ぞう — 顔／右手／左手／体／右足／左足／尾／ぶらんこ

雲／雲／雲／雲

コスモスの花びら
※両端はピンキングばさみで切ると簡単です。

とんぼ①　とんぼ②
とんぼ③　とんぼ④

音符①　音符②
音符③　音符④

葉と茎①　葉と茎②　葉と茎③　葉と茎④　葉と茎⑤　葉と茎⑥　茎⑦　葉と茎⑧　葉と茎⑨
葉と茎⑩　茎⑪　葉と茎⑫　葉と茎⑬　葉と茎⑭　葉と茎⑮　葉と茎⑯　葉と茎⑰

このメッセージが見えるまで開くときれいにコピーすることができます。

P40 9月の壁面
うさぎのもちつき、ペッタン！

雲① 雲②

うさぎ① ※反対向きのうさぎは反転コピーをしてください。

右足　左足　顔　右手　左手

うさぎ②

顔　右手　左手　もち　右足　体　左足

月　きね①　きね②

臼　もち　星

地面　※地面は、他のパーツの200％に拡大コピーをしてください。

P41 9月の壁面
おいしいね、ぶどうパーティー

うさぎ
顔　右手　左手　体

くま
顔　右手　左手　体

りす
顔　体　左手　右足　左足　尾

ひよこの顔のバリエーション

ひよこ
顔　手　体　右足　左足
※反対向きのひよこは、反転コピーをしてください。

切り株　草　敷物　ぶどうの葉　※大きなぶどうの葉は、拡大コピーをしてください。

ぶどうの実(小)　ぶどうの実(大)

このメッセージが見えるまで開くときれいにコピーすることができます。

103

9月の壁面
P42 秋の夜の音楽会

くま
- 顔
- 右手
- 体
- 左手
- 尾
- 右足
- 左足
- 影

うさぎ
- 顔
- ギター
- アコーディオン(右)
- アコーディオン(左)
- 右手
- 体
- 左手
- 尾
- 右足
- 左足
- 影

月

たぬき
- 顔
- 右手
- 体
- 左手
- 右足
- 左足
- 尾
- 影

雲①　雲②

音符①　音符②　音符③　音符④

※大きさ、向きの違う音符は、拡大・反転コピーをしてください。

虫
- 羽
- 顔
- 体

虫の顔の
バリエーション

山

※山は、他のパーツの200%に拡大コピーをしてください。

草①　草②　草③
草④　草⑤　草⑥

太鼓
- 太鼓の皮
- ―・―・― 山折り
- 切り込みを入れる
- のりしろ
- 穴を開ける
- 胴

このメッセージが見えるまで開くときれいにコピーすることができます。

P43 9月のうたう壁面 **やぎさんゆうびん**

しろやぎ

手紙 / 顔 / 右手 / 体 / 左手 / 右足 / 左足 / カップ / 音符① / 音符② / 音符③ / 音符④ / 音符⑤ / テーブル / 椅子 / くろやぎさんの家 / くろやぎさんの地面 / 郵便受け / しろやぎさんの地面 / 道

すずめ

帽子 / 顔 / 右羽 / 左羽 / かばん / 体 / 右足 / 左足

しろやぎさんの家 / 郵便受け / テーブル / 雲

くろやぎ

顔 / 右手 / 体 / 左手 / 足 / 湯飲み / 椅子

草① / 草② / 草③ / 草④ / 草⑤ / 草⑥

※しろやぎさんの地面、くろやぎさんの地面、道は、他のパーツの200%に拡大コピーをしてください。

このメッセージが見えるまで開くときれいにコピーすることができます。

P44~45 10月の壁面 森のティーパーティーへようこそ

ハリネズミ: 体, 右手, アップルパイ, 椅子

ろば: アップルパイ, ティーカップ, 右手, 左手, 顔, 体, 音符①, 音符②, 草①, 草②

たぬき: 顔, 右手, 左手, 尾, 体, ティーカップ

ねずみ: 帽子, 顔, 右手, 左手, 尾, 体, ティーカップ, 皿

りす: 椅子, 帽子, 顔, 右手, 左手, 体, 尾, 切り込みを入れる, 右足, 左足, くり, かき, 葉の皿, りんご, 椅子

イモムシ: 顔, 体

ぶどう: 実, 葉とつる

うさぎ: 椅子, 顔, ティーカップ, 左手, 体, 尾, 左足, ティーポット

アップルパイ: パイ, ナイフ, 皿

もみじの葉, 弓, バイオリン, いちょうの葉, 葉

地面

切り株のテーブル

※地面と切り株のテーブルは、他のパーツの200％に拡大コピーをしてください。

このメッセージが見えるまで開くときれいにコピーすることができます。

P46 10月の壁面
わくわくハロウィーン

魔女
帽子
顔
左手
左足
体

くま
帽子
顔
右手
左手
体
左足

ほうき

キャンディー
星

こうもり①
こうもり②

城　※城は、他のパーツの200%に拡大コピーをしてください。

かぼちゃ
※大きいかぼちゃは、拡大コピーをしてください。

おばけ①
目と口
右手
左手
体

おばけ②
体
目と口
※手は、おばけ①と同様です。

おばけ③
体
※手、目と口は、おばけ①と同様です。

このメッセージが見えるまで開くときれいにコピーすることができます。

P47 10月の壁面
秋の味覚、いっぱいとれたよ！

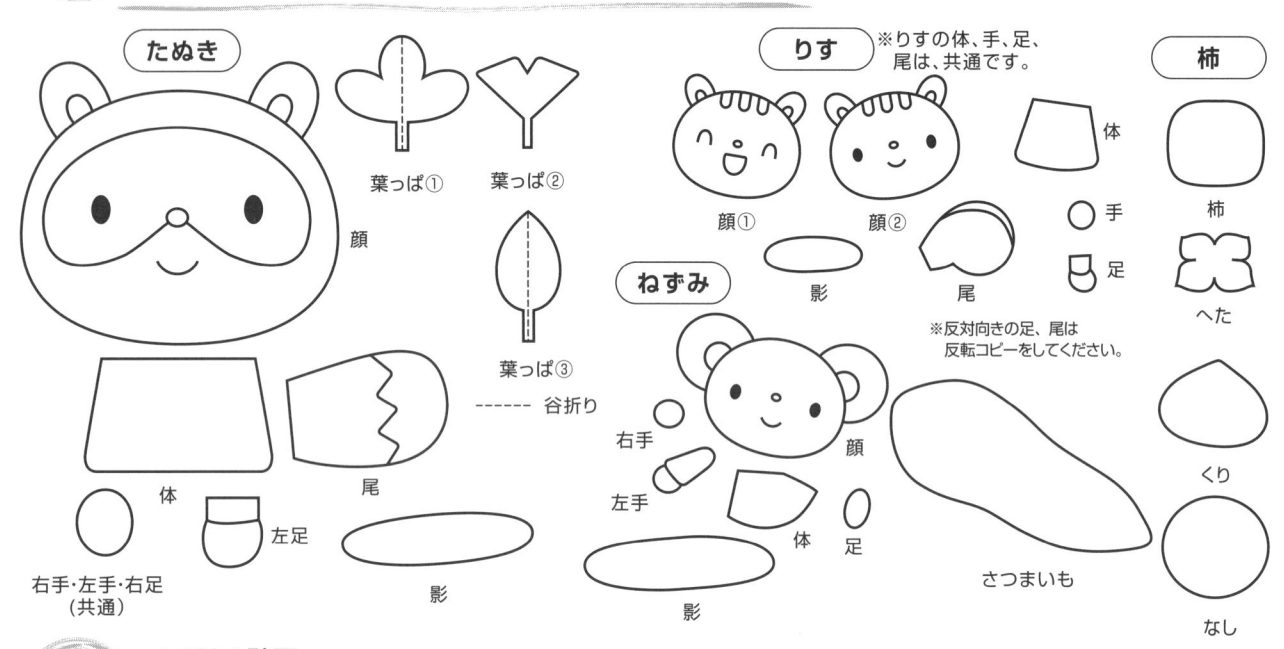

たぬき　葉っぱ①　葉っぱ②　りす　※りすの体、手、足、尾は、共通です。　柿

顔　葉っぱ③　---- 谷折り　顔①　顔②　体　手　足　柿　へた

ねずみ　影　尾

体　尾　※反対向きの足、尾は反転コピーをしてください。　くり

右手・左手・右足（共通）　左足　影　右手　左手　顔　さつまいも

体　足　影　なし

P48 10月の壁面
北風なんかに負けないぞ

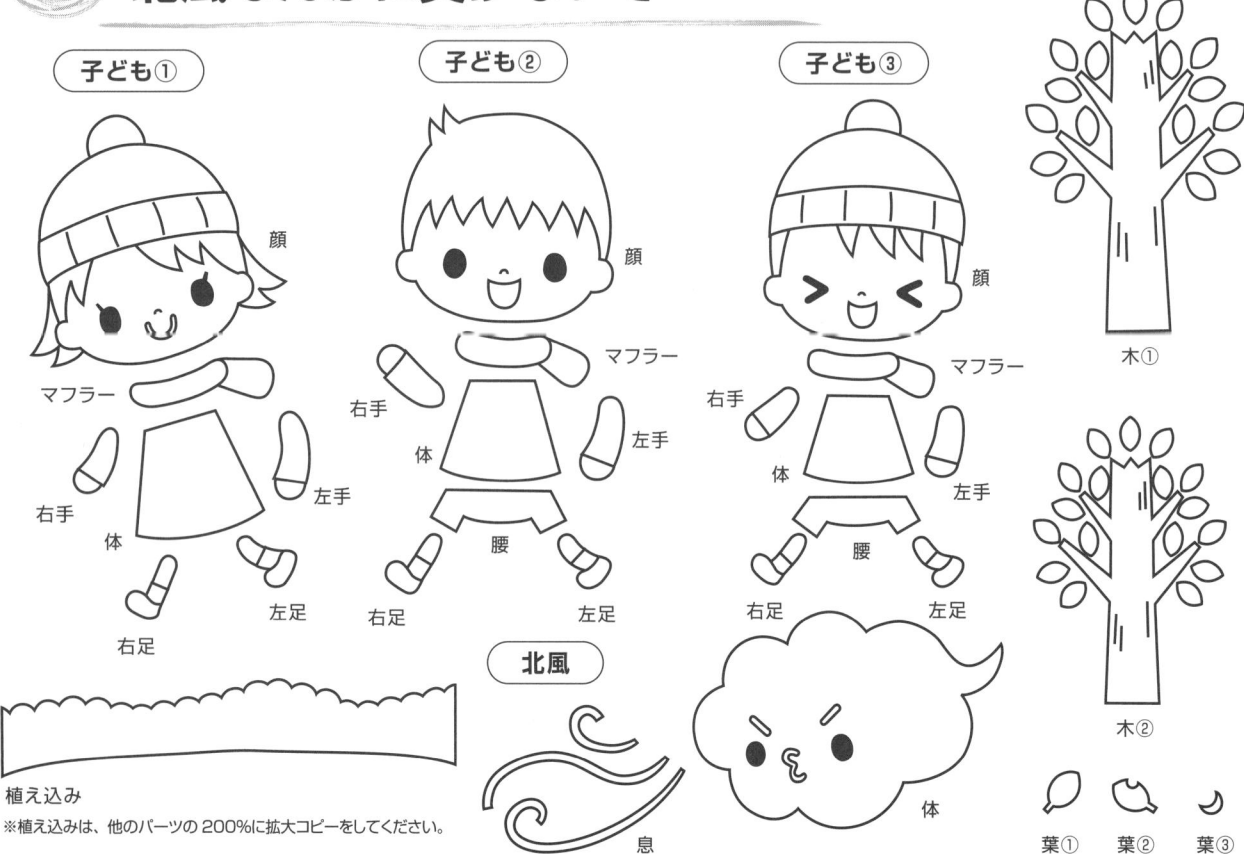

子ども①　子ども②　子ども③　木①

顔　顔　顔

マフラー　マフラー　マフラー

右手　体　左手　右手　体　左手　右手　体　左手

右足　左足　腰　右足　左足　腰　右足　左足

植え込み　北風　木②

※植え込みは、他のパーツの200%に拡大コピーをしてください。　息　体　葉①　葉②　葉③

このメッセージが見えるまで開くときれいにコピーすることができます。

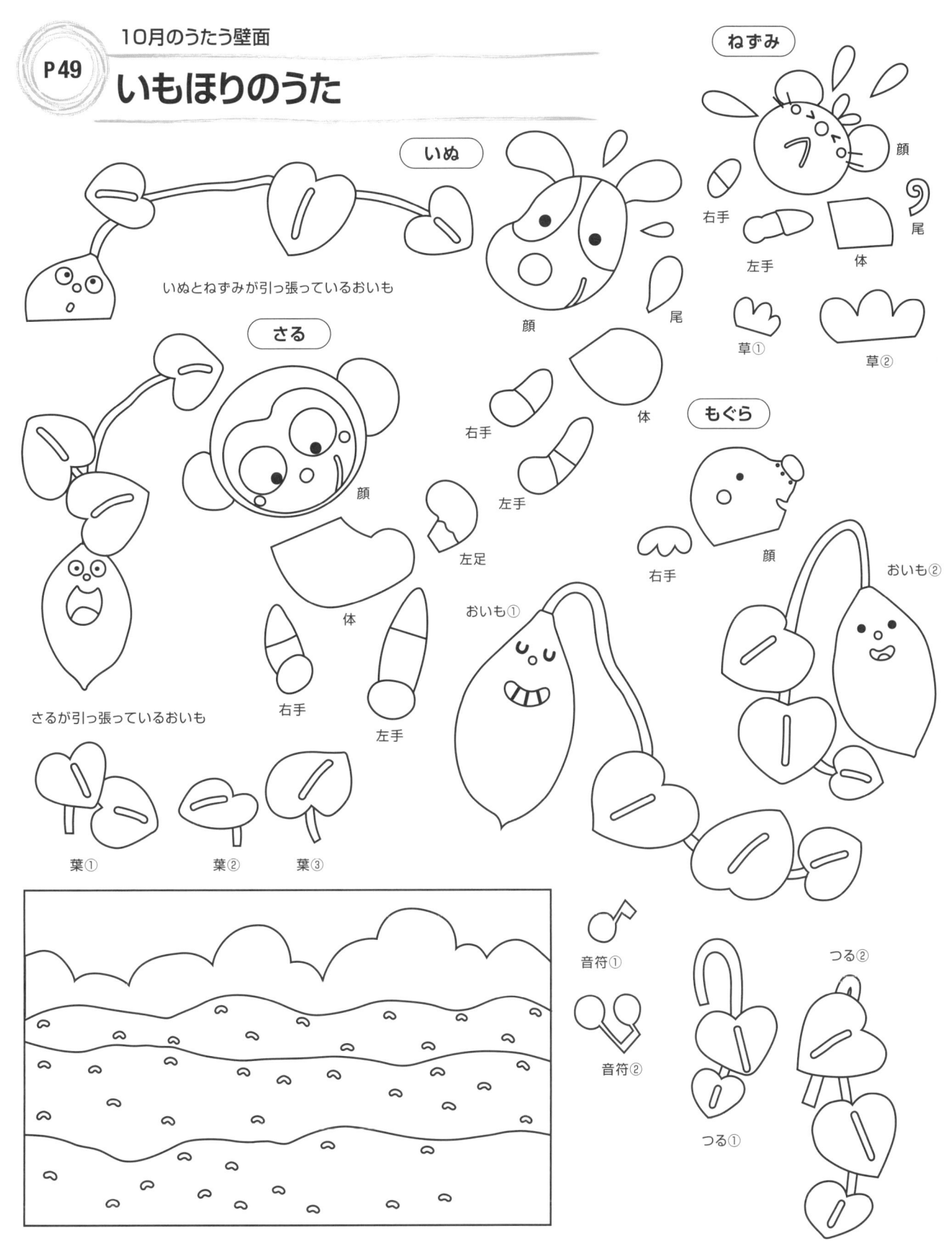

P49 10月のうたう壁面 いもほりのうた

いぬ — 顔、尾、右手、左手、体

ねずみ — 顔、右手、左手、尾、体、草①、草②

さる — 顔、体、右手、左手、左足

もぐら — 顔、右手

いぬとねずみが引っ張っているおいも

さるが引っ張っているおいも

葉①　葉②　葉③

おいも①　おいも②

音符①　音符②

つる①　つる②

畑と空　※畑と空は、他のパーツの200%に拡大コピーをしてください。

このメッセージが見えるまで開くときれいにコピーすることができます。

P50~51 **11月の壁面 動物たちの冬ぞなえ**

- くま①　顔／体／影
- こうもり①　体／顔
- こうもり②　体／顔
- きつね　顔／体／尾／影
- くま②　顔／体／影
- 葉①
- たぬき　顔／体／右足／左足／尾／影
- りす　顔／体／尾／影
- 葉②
- どんぐり①
- どんぐり②
- かめ　顔／右手／体／左手／右足／左足／影
- 草
- 木
- 洞窟

このメッセージが見えるまで開くときれいにコピーすることができます。

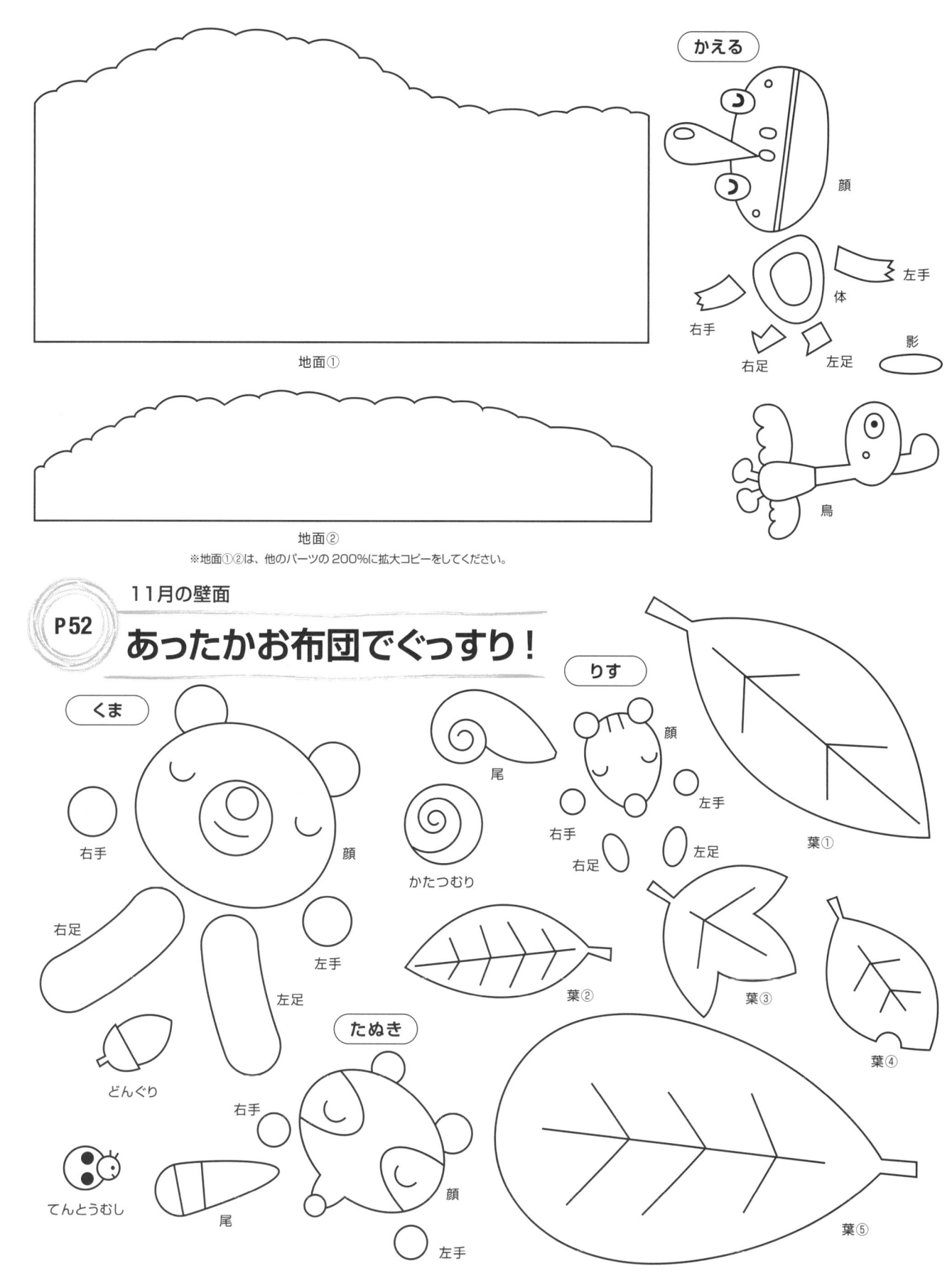

かえる
顔
左手
体
右手
右足 左足 影
鳥

地面①

地面②
※地面①②は、他のパーツの200%に拡大コピーをしてください。

P52 11月の壁面
あったかお布団でぐっすり！

くま
右手 顔
右足 左手

どんぐり
てんとうむし
尾

たぬき
右手 顔
左手

りす
顔 尾
右手 左手
右足 左足
かたつむり

葉①
葉②
葉③
葉④
葉⑤

このメッセージが見えるまで開くときれいにコピーすることができます。

111

ねずみ② ねずみ③ 葉⑥

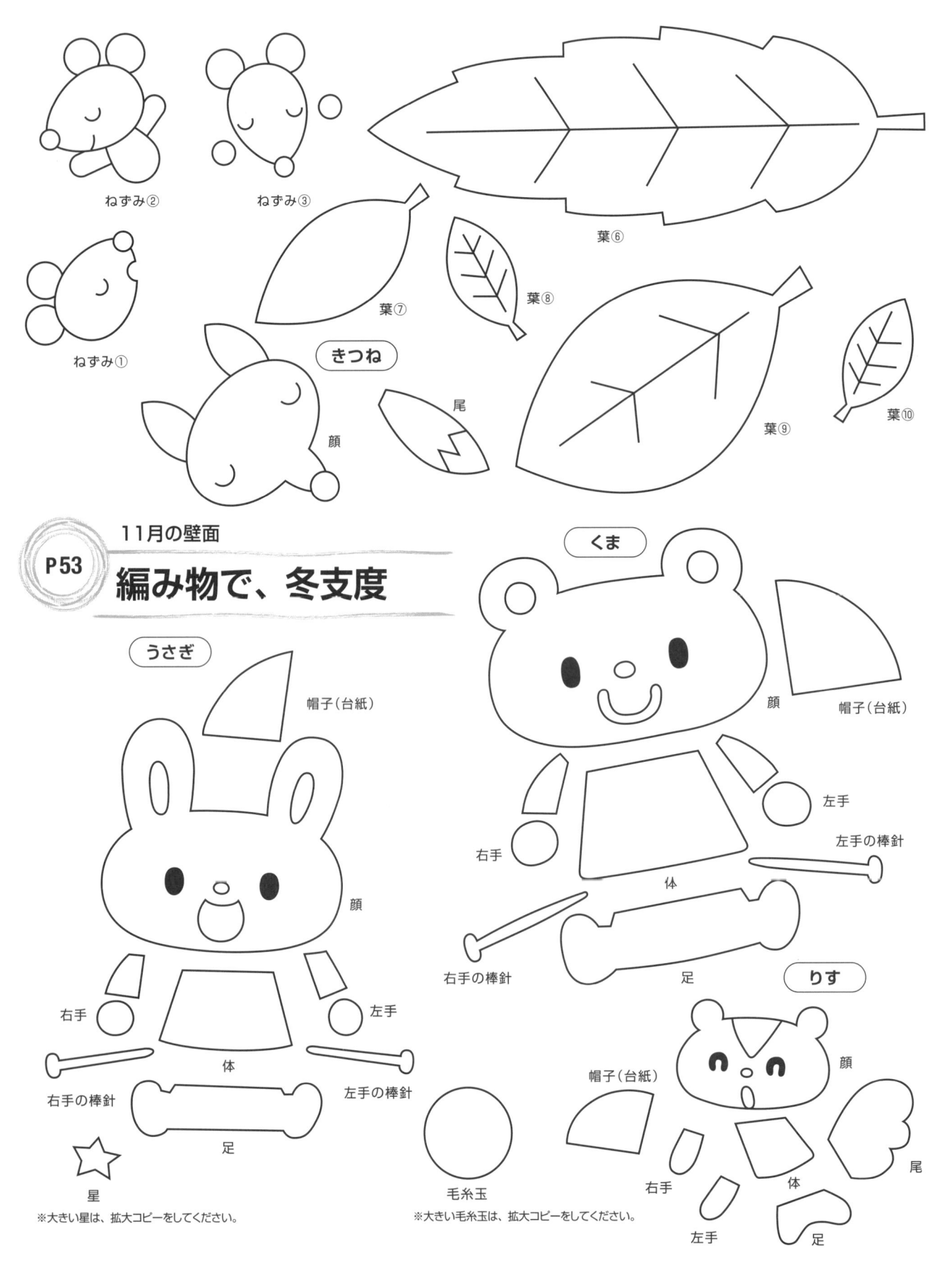

ねずみ① 葉⑦ 葉⑧

きつね 顔 尾 葉⑨ 葉⑩

P53 11月の壁面
編み物で、冬支度

うさぎ
帽子（台紙）
顔
右手 左手
体
右手の棒針 左手の棒針 足
星
※大きい星は、拡大コピーをしてください。

くま
顔 帽子（台紙）
左手
右手
左手の棒針
体
右手の棒針 足

りす
帽子（台紙） 顔
毛糸玉 右手 体 尾
左手 足
※大きい毛糸玉は、拡大コピーをしてください。

このメッセージが見えるまで開くときれいにコピーすることができます。

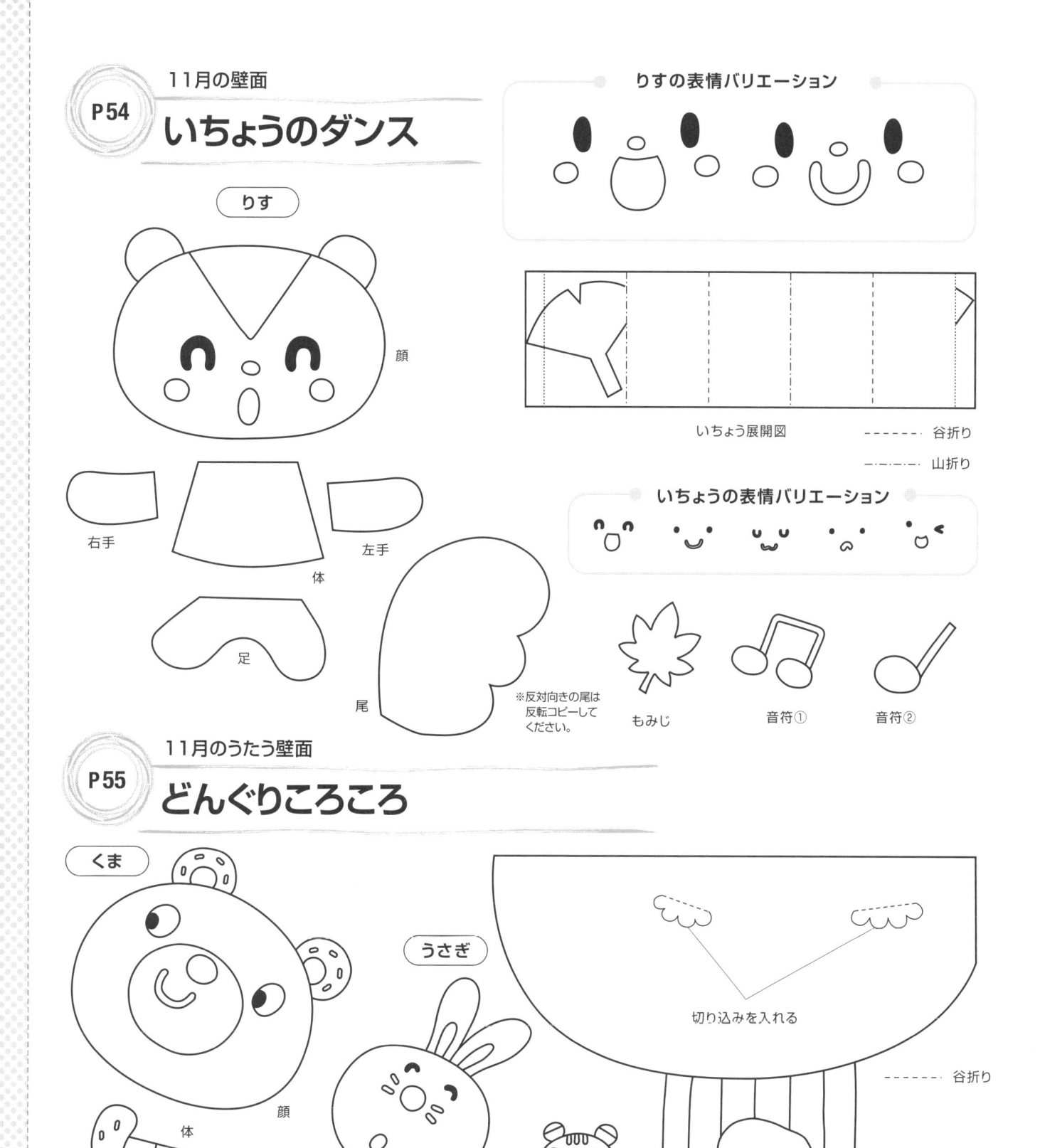

P54 **11月の壁面**
いちょうのダンス

りす

りすの表情バリエーション

いちょう展開図　------- 谷折り
　　　　　　　　　-・-・-・- 山折り

右手　体　左手　足　尾

※反対向きの尾は反転コピーしてください。

いちょうの表情バリエーション

もみじ　音符①　音符②

P55 **11月のうたう壁面**
どんぐりころころ

くま
顔　体　尾　影

うさぎ
顔　体　尾　影

切り込みを入れる
------- 谷折り

りす

木①

このメッセージが見えるまで開くときれいにコピーすることができます。

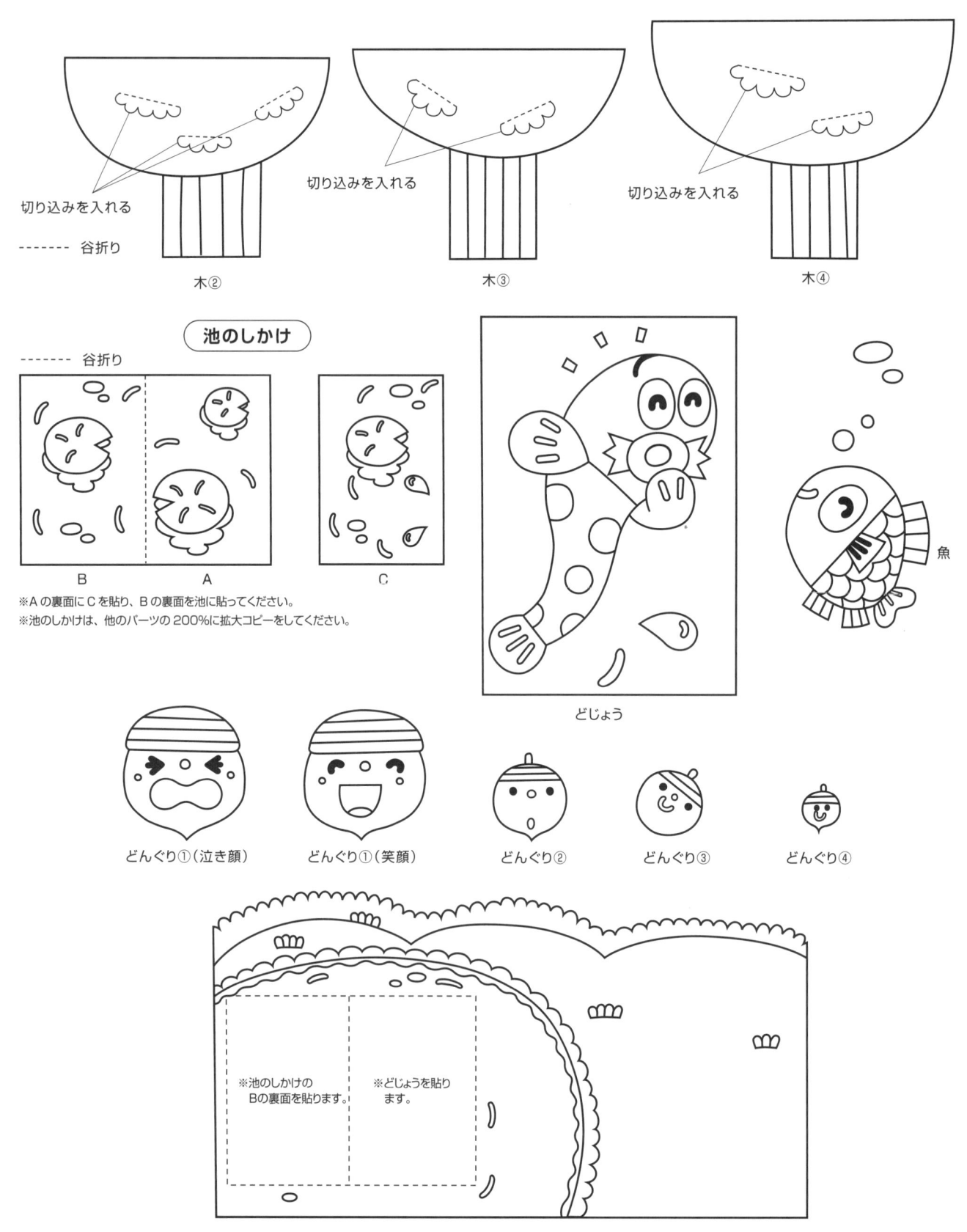

------ 谷折り

切り込みを入れる

木②

切り込みを入れる

木③

切り込みを入れる

木④

池のしかけ

------ 谷折り

B　A

C

※Aの裏面にCを貼り、Bの裏面を池に貼ってください。
※池のしかけは、他のパーツの200％に拡大コピーをしてください。

どじょう

魚

どんぐり①（泣き顔）　　どんぐり①（笑顔）　　どんぐり②　　どんぐり③　　どんぐり④

※池のしかけの
Bの裏面を貼ります。

※どじょうを貼ります。

地面と池　※地面と池は、他のパーツの200％に拡大コピーをしてください。

このメッセージが見えるまで開くときれいにコピーすることができます。

114

12月の壁面 P 56~57 もうすぐクリスマス！

うさぎ: 帽子、顔、右手、左手、体、右足、左足

ねずみ: 帽子、顔、手、体、足、尾

いぬ: 顔、右手、左手、体、尾、右足、左足

ぶた: 帽子、顔、右手、左手、体、尾、右足、左足

窓

箱

クリスマスツリー①

クリスマスツリー②

※クリスマスツリー①②は、他のパーツの200％に拡大コピーをしてください。

星①
星②
オーナメント①
オーナメント②
オーナメント③
オーナメント④
ベル
ジンジャーマンクッキー
ステッキ

このメッセージが見えるまで開くときれいにコピーすることができます。

P58 12月の壁面 はりきりサンタさん

プレゼント① プレゼント② プレゼント③

トナカイ
星① 星② 雪① 雪②
顔 ひも
体 右後足 左後足
右前足 左前足
丸① 丸② 丸③
木 雪だるま
袋
ねずみの家
うさぎの家 くまの家
夜空の道
※夜空の道は、他のパーツの200%に拡大コピーをしてください。

サンタクロース
帽子 クリスマスツリー
顔
体
手
そり
ステッキ
切り込みを入れる
地面 ※地面は、他のパーツの200%に拡大コピーをしてください。

P59 12月の壁面 天使のキャンドルツリー

天使① 天使② 天使③
プレゼント① プレゼント② プレゼント③

体 羽 輪 ラッパ 顔 輪 顔 手
羽 手
輪 羽
右手 顔 左手 体
キャンドルの炎 音符① 音符② 音符③
クリスマスツリー
※クリスマスツリーは、他のパーツの200%に拡大コピーをしてください。

このメッセージが見えるまで開くときれいにコピーすることができます。

P60 12月の壁面
大きなケーキを作ろう

りす: 星、音符①、音符②、右手、左手、体、右足、左足、顔、帽子

ぞう: 帽子、顔、右手、左手、体、右足、左足、尾

うさぎ: 帽子、顔、右手、左手、体、右足、左足

いちご、クリスマスツリー、サンタクロース

ケーキ: 2段目、1段目、台

—・—・— 山折り

P61 12月のうたう壁面
おもちゃのチャチャチャ

飛行機、ロケット、星①、星②、星③、星④、星⑤、兵隊、流れ星、フランス人形、ヘリコプター、積み木①、積み木②、積み木③、積み木④、積み木⑤、おもちゃ箱

—・—・— 山折り

※おもちゃ箱は、他のパーツの200%に拡大コピーをしてください。

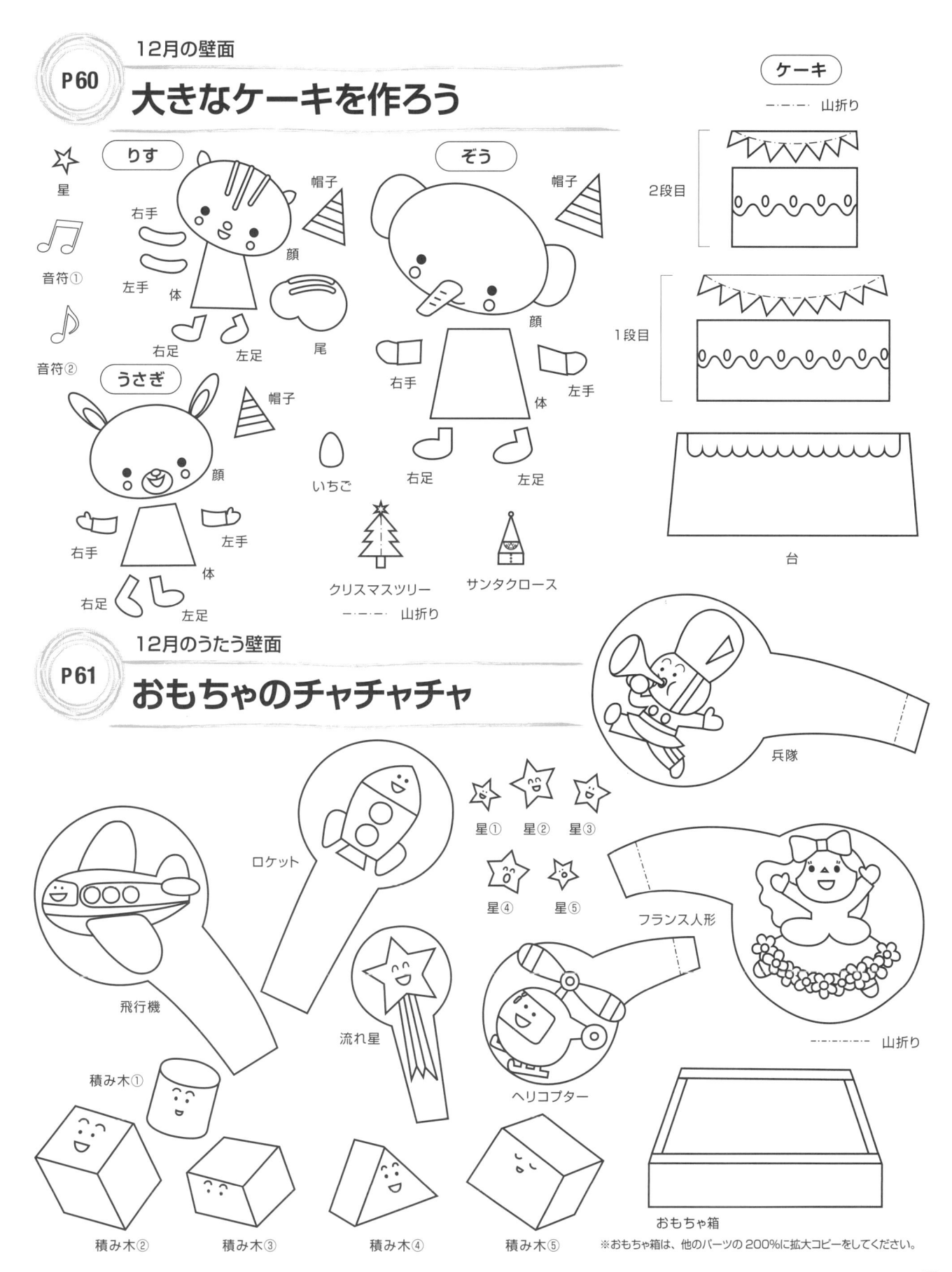

このメッセージが見えるまで開くときれいにコピーすることができます。

1月の壁面
P62~63 **わいわいたこ揚げ**

ぞう：帽子／顔／右手／左手／体／右足／左足／尾
いぬ：顔／左手／右手／体／左足／右足／尾
ねずみ：左手／右手／顔／体／左足／右足／尾
たぬき：右手／顔／左手／体／右足／左足／尾
うさぎ：顔／左手／右手／体／リボン／左足／右足
りす：顔／尾／右手／体／左手／右足／左足

たこ①／たこ②／たこ③／たこ④／たこ⑤／たこ⑥

草①／草②／草③

丘　※丘は、他のパーツの200%に拡大コピーをしてください。

雲①／雲②／雲③／雲④／雲⑤／雲⑥

このメッセージが見えるまで開くときれいにコピーすることができます。

118

P64 1月の壁面
おもちが焼けたかな？

男の子①: 顔、右手、左手、体、右足、左足

男の子②: 顔、お椀、体、右足、左足

もち①（台紙）、もち②（台紙）、もち③（台紙）

うめ

------ 谷折り

はし（共通）

皿（共通）

女の子: 顔、右手、体、左手、右足、左足

七輪

P65 1月の壁面
みんな晴れ着でおめでとう

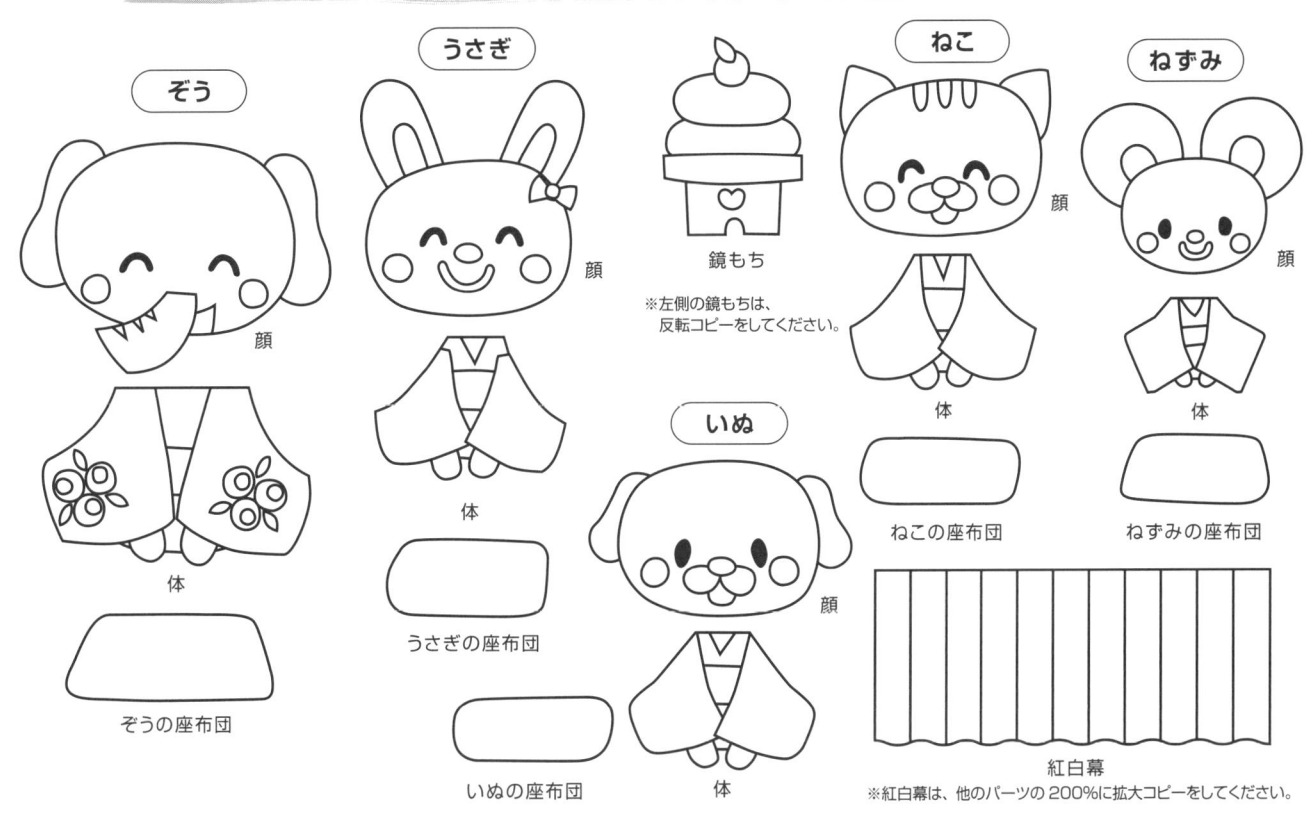

ぞう: 顔、体、ぞうの座布団

うさぎ: 顔、体、うさぎの座布団

鏡もち
※左側の鏡もちは、反転コピーをしてください。

ねこ: 顔、体

ねずみ: 顔、体

いぬ: 顔、体、いぬの座布団

ねこの座布団、ねずみの座布団

紅白幕
※紅白幕は、他のパーツの200％に拡大コピーしてください。

このメッセージが見えるまで開くときれいにコピーすることができます。

P66 1月の壁面
にっこり 初日の出

いぬ / 顔 / 左手 / 体 / 右手 / 左足 / 右足 / つばきのつぼみ / つばきの花 / 葉

太陽 / 木 / 影

うさぎ / 顔 / 左手 / 体 / 右手 / 左足 / 右足 / 雲 / 山

※山は、他のパーツの200％に拡大コピーをしてください。

P67 1月のうたう壁面
ふしぎなポケット

うさぎ / 顔 / 右手 / 尾 / 体 / 左足 / 右足 / 影 / 雲① / 雲②

ぶた / 顔 / 右手 / 体 / 左手 / 右足 / 尾 / 左足 / 影 / 星 / ビスケット① / ビスケット② / ビスケット③

きつね / 顔 / 右手 / 体 / 左手 / 右足 / 左足 / 尾 / 影 / 効果線 / 木 / 丘

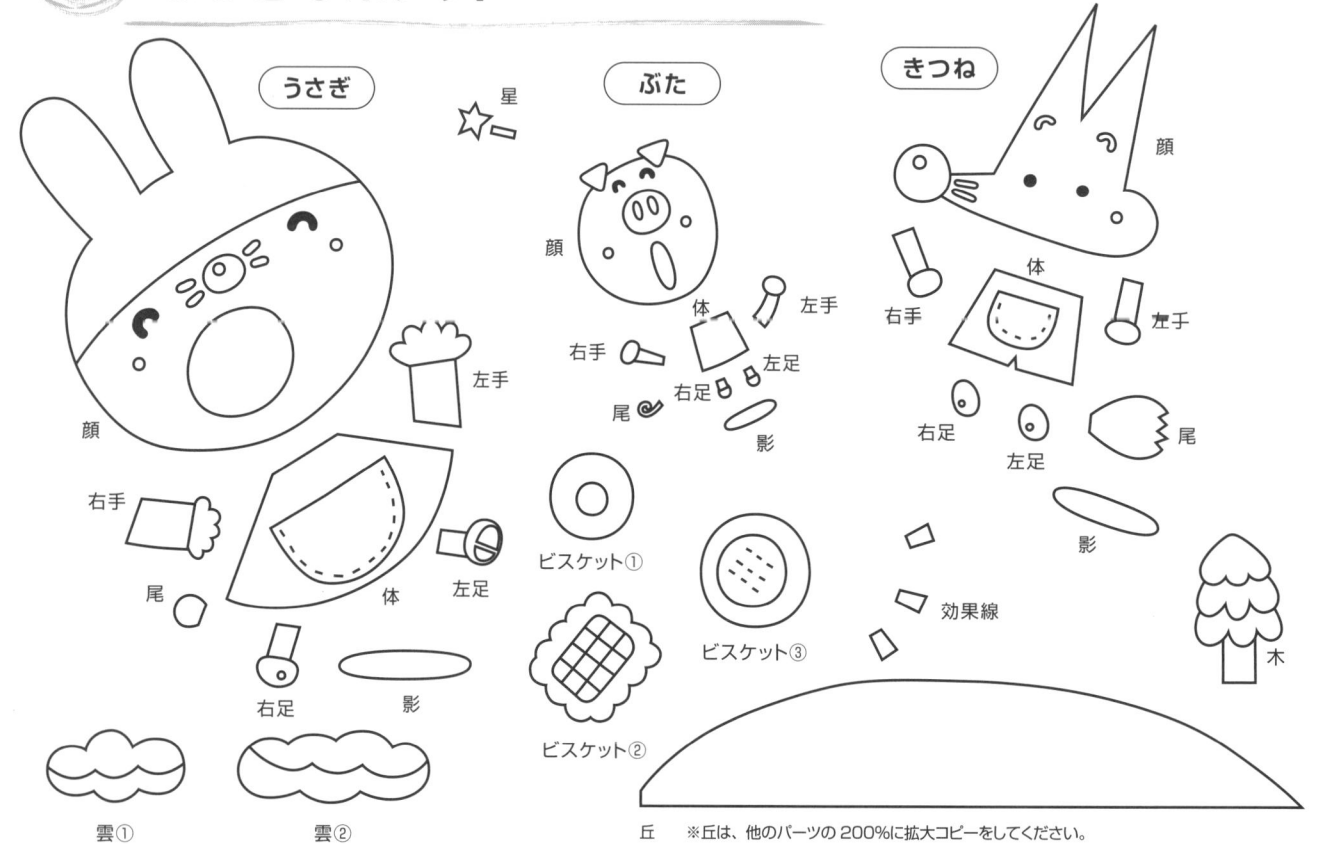

※丘は、他のパーツの200％に拡大コピーをしてください。

このメッセージが見えるまで開くときれいにコピーすることができます。

P68~69 2月の壁面　雪遊びは楽しいね！

うさぎ
顔／投げる雪／左手／持っている雪／右手／体／右足／左足／影

いぬ
顔／左手／右手／体／尾／右足／ぶつかっている雪／影

くま
帽子／顔／左手／右手／マフラー／尾／体／右足／左足の影／左足／右足の影

ねずみ
顔／汗／手／体／動線／尾／左足／右足／雪①／雪②／雪③／音符①／音符②

転がす雪

木①　木②

雪だるま①　雪だるま②　雪だるま③　雪だるま④

雪だるま⑤　雪だるま⑥　雪だるま⑦　雪だるま⑧　雪だるま⑨　雪だるま⑩

雪だるま⑪　雪だるま⑫

雪だるまと地面　※紙を四つ折りにしてから重ねて切り、広げて使用します。

このメッセージが見えるまで開くときれいにコピーすることができます。

P70~71 2月の壁面 おにさん、怖くないね！

赤おに — 顔／右手／体／左手／右足／左足／影

緑おに — 顔／体／影／右足／左足

青おに — 右手／顔／左手／右足／左足／影

女の子① — 顔／右手／体／左手／升／右足／左足／影

女の子② — 顔／右手／体／左手／右足／左足

女の子③ — 顔／升／右手／体／左手／右足／左足／影

男の子① — 顔／左手／升／体／右足／左足／影

男の子② — 左手／右手／顔／草①／影／左足／体／右足／草②

男の子③ — 左手／右手／顔／草③／左足／体／右足／草④

いぬ — 顔／尾／体／影

木 — 影

地面
※地面は、他のパーツの300％に拡大コピーをしてください。

このメッセージが見えるまで開くときれいにコピーすることができます。

P71 2月の壁面
うがいでかぜ菌、バイバーイ

かば
- 動線
- しぶき
- 右手
- 顔
- コップ
- 体

りす
- 動線
- 右手
- 顔
- コップ
- 体
- 尾

いぬ
- 動線
- しぶき
- 顔
- 左手
- 右手
- コップ
- 体

- かぜ菌①
- かぜ菌②
- かぜ菌③
- かぜ菌④
- かぜ菌⑤
- かぜ菌⑥
- かぜ菌⑦
- かぜ菌⑧
- かぜ菌⑤のやり
- かぜ菌⑧のやり

※かぜ菌①〜⑧は、他のパーツの半分の倍率で拡大コピーをしてください。

背景

※背景は、他のパーツの200%に拡大コピーをしてください。

P72 2月の壁面
うめが咲いたよ！

- うぐいす
- うめ（小）
- うめ（大）
- つぼみ

※反対向きのうぐいすは、反転コピーをしてください。

このメッセージが見えるまで開くときれいにコピーすることができます。

2月のうたう壁面

P73

豆まき

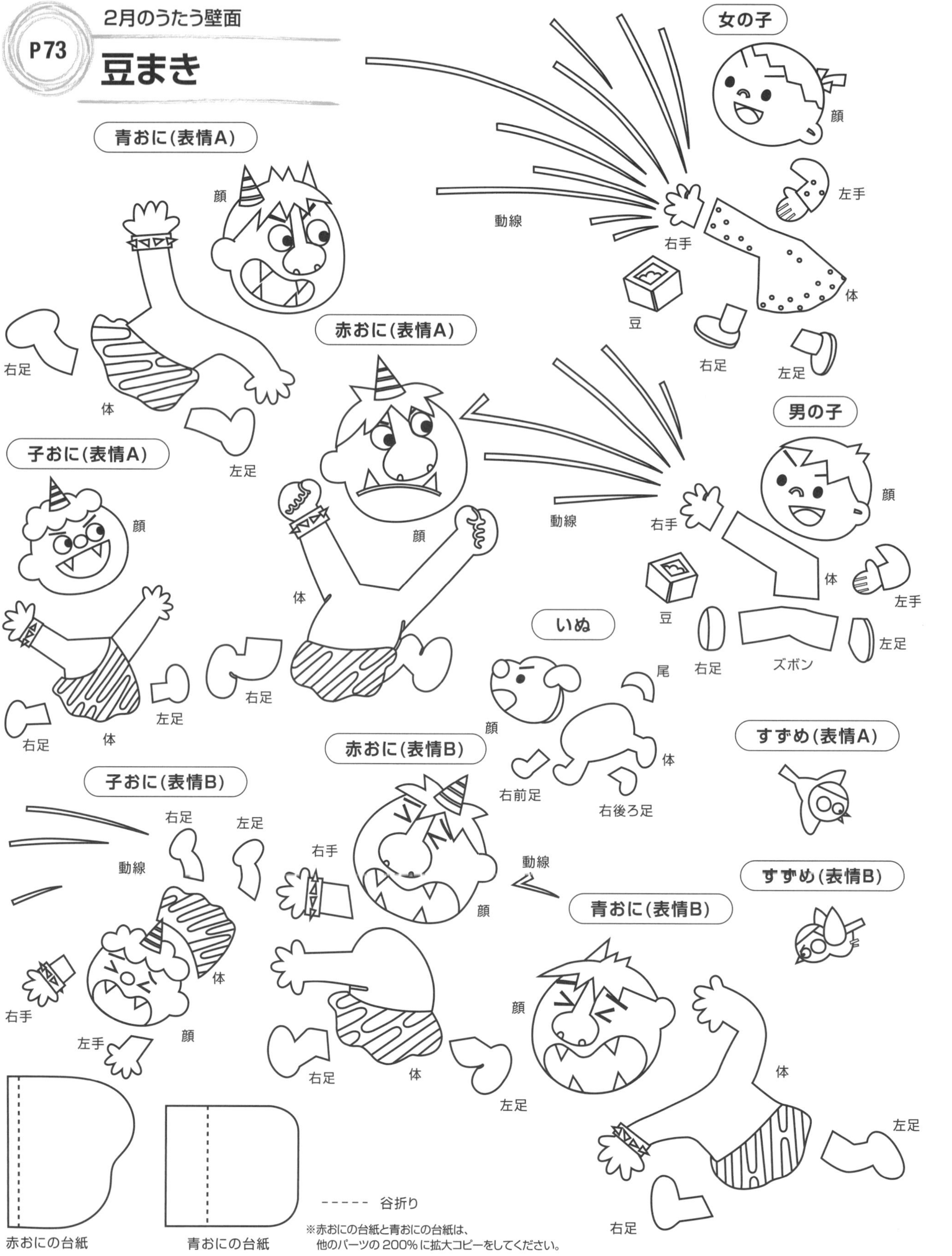

※赤おにの台紙と青おにの台紙は、
他のパーツの 200% に拡大コピーをしてください。

このメッセージが見えるまで開くときれいにコピーすることができます。

P74~75 3月の壁面
てんとうむしバスで出発！

ねずみ: 顔／体／右足／左足／尾／ネクタイ
ちょうちょう
くま: 顔／体／右足／左足／ネクタイ
うさぎ: 花束／顔
とら: 顔／花束／右手／体／右足／左足／左手
はち／飛跡
つくし①／つくし②
てんとうむしバス
地面
紙吹雪／葉／花／左手／体／右足／左足／尾
草①／草②

※てんとうむしバスと地面は、他のパーツの200％に拡大コピーをしてください。

P76 3月の壁面
春風のなかをバルーンに乗って

りす: 顔／尾／右手／体／左手
ねずみ: 顔／右手／体／左手／リボン
くま: 顔／右手／体／左手／リボン
ひよこ: 顔／右手／体／左手／右足／左足
花
風船
※小さい風船は、縮小コピーをしてください。
雲①／雲②／雲③
バルーン①（おめでとう）
バルーン②

このメッセージが見えるまで開くときれいにコピーすることができます。

125

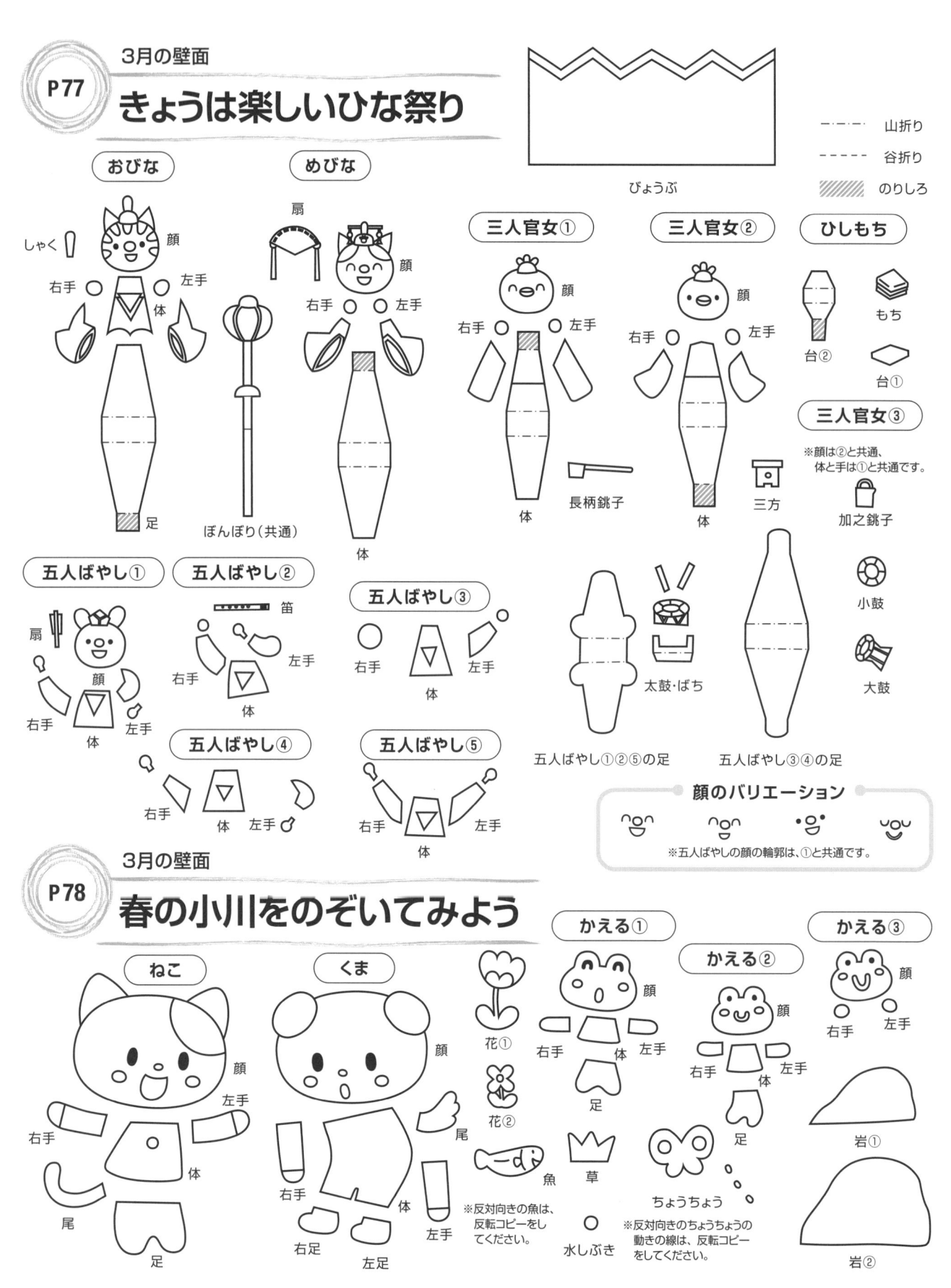

P77 3月の壁面
きょうは楽しいひな祭り

―・―・― 山折り
― ― ― ― 谷折り
////// のりしろ

びょうぶ

おびな — しゃく／顔／右手／左手／体／足
めびな — 扇／顔／右手／左手／体／ぼんぼり（共通）

三人官女① — 顔／右手／左手／体
三人官女② — 顔／右手／左手／体
三人官女③ ※顔は②と共通、体と手は①と共通です。
長柄銚子／三方／加之銚子

ひしもち — もち／台②／台①
小鼓／大鼓／太鼓・ばち

五人ばやし① — 扇／顔／右手／左手／体
五人ばやし② — 笛／右手／左手／体
五人ばやし③ — 右手／左手／体
五人ばやし④ — 右手／左手／体
五人ばやし⑤ — 右手／左手／体
五人ばやし①②⑤の足／五人ばやし③④の足

顔のバリエーション
※五人ばやしの顔の輪郭は、①と共通です。

このメッセージが見えるまで開くときれいにコピーすることができます。

P78 3月の壁面
春の小川をのぞいてみよう

ねこ — 顔／右手／左手／体／尾／足
くま — 顔／右手／左手／体／尾／右足／左足

かえる① — 顔／右手／左手／体／足
かえる② — 顔／右手／左手／体／足
かえる③ — 顔／右手／左手

花①／花②／魚／草／ちょうちょう／水しぶき／岩①／岩②

※反対向きの魚は、反転コピーをしてください。
※反対向きのちょうちょうの動きの線は、反転コピーをしてください。

P79 3月の壁面
うきうき、桃色ひな祭り

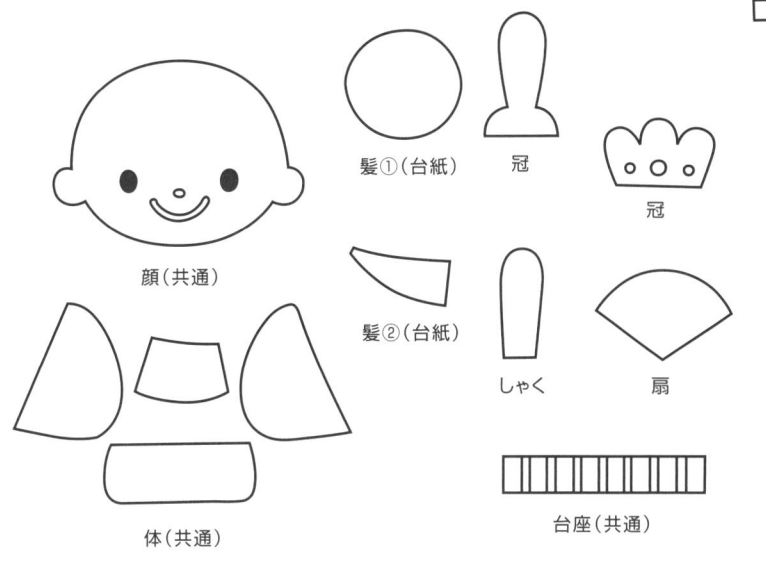

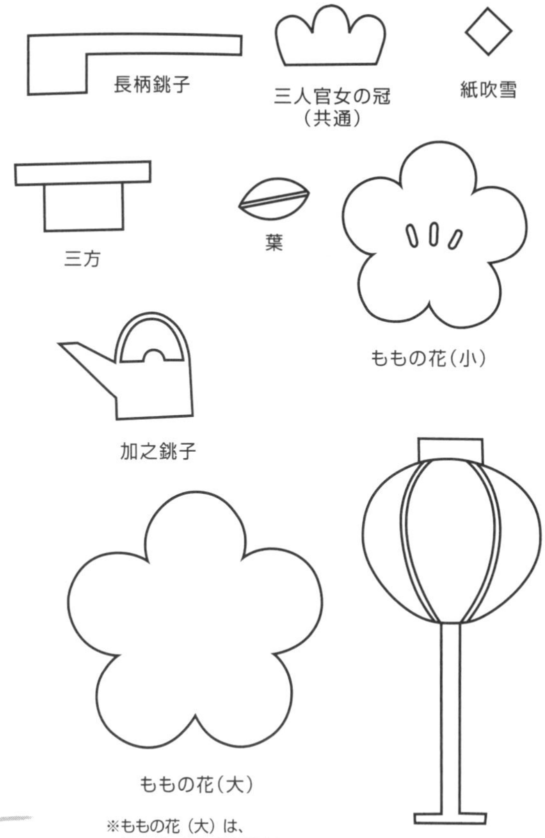

- 顔（共通）
- 髪①（台紙）
- 冠
- 冠
- 髪②（台紙）
- しゃく
- 扇
- 体（共通）
- 台座（共通）
- 長柄銚子
- 三人官女の冠（共通）
- 紙吹雪
- 三方
- 葉
- もものの花（小）
- 加之銚子
- もものの花（大）
- ぼんぼり（共通）

※もものの花（大）は、他のパーツの200%に拡大コピーをしてください。

P80 3月のうたう壁面
バスごっこ

- ねずみ：右手／顔／左手／右足／体／左足／尾
- うさぎ：顔／切符／右手／左手／体
- とら：顔／右手／左手／体
- ぶた：顔／右手／左手／体
- いぬ：顔／左手／体
- 葉①
- 葉②
- バス
- 地面

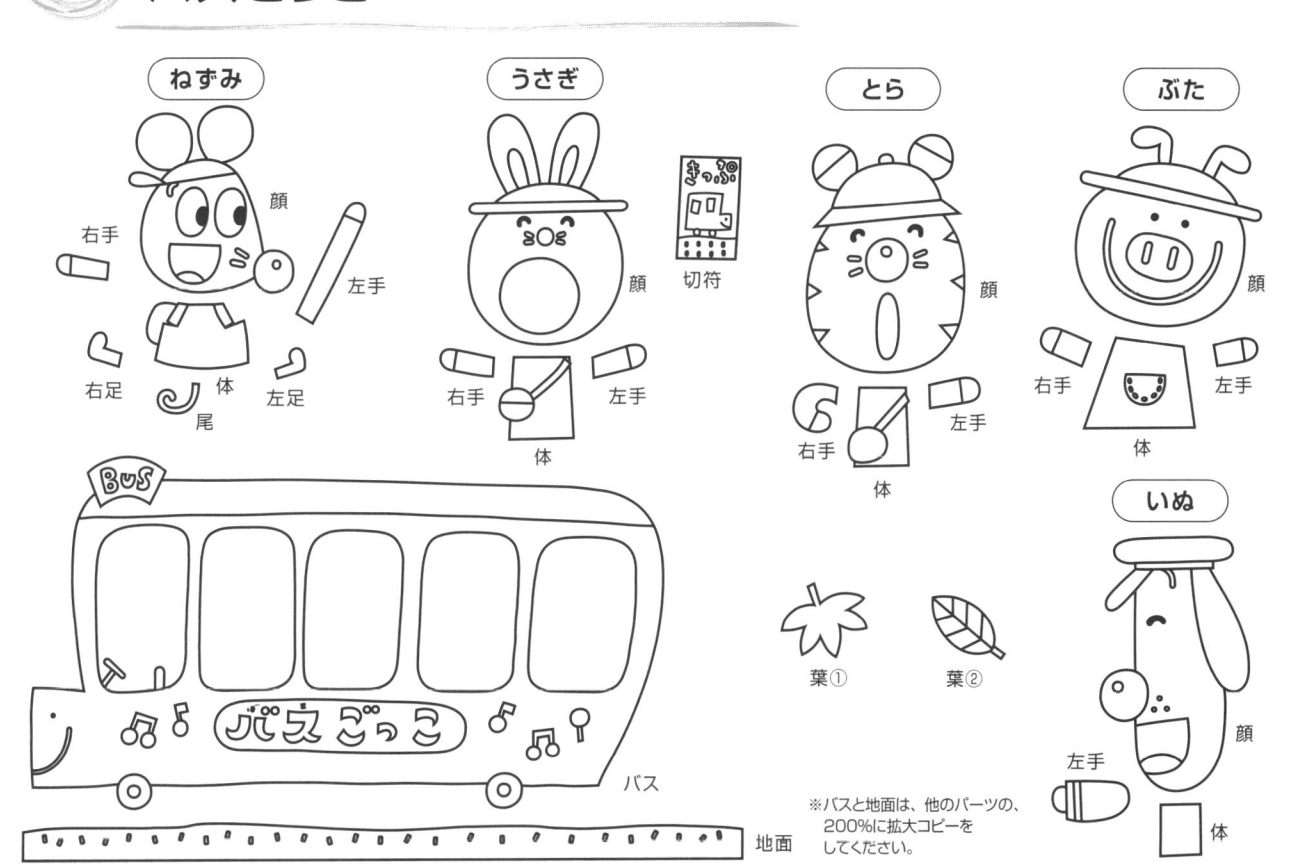

※バスと地面は、他のパーツの、200%に拡大コピーをしてください。

● **案・製作** (50音順に掲載)

あかまあきこ、浦田利江、かとうようこ、菊地清美、さとうゆか、すぎやままさこ、
すまいるママ、たかはしなな、西内としお、ひやまゆみ、ピンクパールプランニング、
藤江真紀子、冬野いちこ、まーぶる、みつき、宮尾怜衣、矢島秀之

表紙イラスト ● *すまいるママ*
表紙デザイン ● 檜山由美
本文デザイン ● 島村千代子
型紙トレース・デザイン ● プレーンワークス、奏 create
作り方イラスト ● 河合美穂、高山千草、内藤和美、みつき
撮影 ● 正木達郎、林 均
本文校正 ● くすのき舎
編集協力 ● 株式会社スリーシーズン
編集担当 ● 石山哲郎、西岡育子、飯島玉江

ポットブックス
ベストセレクション かわいい壁面 12か月

2011年3月　初版第1刷発行
2019年7月　　　第9刷発行

編　者／ポット編集部　©CHILD HONSHA CO.,LTD. 2011
発行人／村野芳雄
発行所／株式会社チャイルド本社
　　　　〒112-8512　東京都文京区小石川 5-24-21
　　　　☎ 03-3813-2141（営業）　☎ 03-3813-9445（編集）
振　替／00100-4-38410

印刷所／共同印刷株式会社
製本所／一色製本株式会社
ISBN ／ 978-4-8054-0183-5
NDC 376 26X21cm 128P

本書の型紙は、園や学校、図書館等にて壁面飾りを作る方が、個人または園用に製作してお使いいただくことを目的としています。本書を使用して製作されたものを第三者に販売することはできません。また、本書のページをコピーして販売することは、著作権者および出版社の権利の侵害となりますので、固くお断りいたします。

本書の型紙以外のページを無断で複写複製することは、法律で認められた場合を除き、著作権者及び出版社の権利の侵害となりますので、その場合は予め小社あて許諾を求めてください。

乱丁・落丁本はお取り替えいたします。
チャイルド本社ホームページアドレス　https://www.childbook.co.jp/
チャイルドブックや保育図書の情報が盛りだくさん。どうぞご利用ください。